不用督促的学习

作业辅导篇

苏晓航 罗雅芝 吕双林 著

北京理工大学出版社
BEIJING INSTITUTE OF TECHNOLOGY PRESS

版权专有　侵权必究

图书在版编目（ＣＩＰ）数据

不用督促的学习. 作业辅导篇 / 苏晓航，罗雅芝，吕双林著. —北京：北京理工大学出版社，2025.4（2025.6 重印）

ISBN 978－7－5763－4930－6

Ⅰ．G782；G442

中国国家版本馆CIP数据核字第20252XP555号

责任编辑：李慧智		**文案编辑**：李慧智	
责任校对：王雅静		**责任印制**：施胜娟	

出版发行　/　北京理工大学出版社有限责任公司
社　　址　/　北京市丰台区四合庄路6号
邮　　编　/　100070
电　　话　/　(010)68944451（大众售后服务热线）
　　　　　　　(010)68912824（大众售后服务热线）
网　　址　/　http://www.bitpress.com.cn

版 印 次　/　2025 年 6 月第 1 版第 2 次印刷
印　　刷　/　三河市华骏印务包装有限公司
开　　本　/　880 mm × 1230 mm　1 / 32
印　　张　/　7.5
字　　数　/　130千字
定　　价　/　58.00元

图书出现印装质量问题，请拨打售后服务热线，负责调换

目录
CONTENTS

第1章
陪写作业，不是为了完成作业，而是孩子成长的阶梯

1. 作业是学习的开始——陪写作业家长需要有容错心态 / 4
2. 什么样的作业是合格的作业？——重新定义作业的标准 / 12
3. 写作业的正确姿势是什么？——让孩子随心所欲爱上作业 / 19
4. 写作业必须是独立痛苦的吗？——让孩子在作业中找到学习乐趣 / 25

第2章
陪写作业，家长要避开的五大陷阱

1. 出人不出工——家长，你的态度让孩子学会敷衍作业 / 35
2. 负责当监工——家长，你可是"多年媳妇熬成了婆"？ / 49
3. 站在孩子对立面——家长，你和谁是一伙的？ / 56
4. 层层加码——家长，你是孩子的另一座大山吗？ / 64
5. 负责当验收方——家长，你是测试终端机吗？ / 70

第3章

不用督促的学习，从有效的陪写开始

1. "太好了，这道题错了"——写作业不是考试，而是一次学习 / 81
2. "我不能替你，但我能陪你"——陪写不是替代，家长要学会"懒" / 90
3. "我又吼孩子了"——家长学会心平气和，孩子才能专注学习 / 97
4. "你写作业的时间到了"——孩子的自律来自家长的平和与坚定 / 101
5. "你打算先做哪项作业？"——给孩子选择权，他才能学会负责 / 105
6. "闹钟响了就可以休息一会儿"——科学陪写，让孩子学会极致专注 / 109

第4章

七大方法，让孩子的自主学习成为现实

1. 合作——用赢得合作的方法，让孩子愿意写作业 / 115
2. 约定——用约定的方式，让孩子克服惰性，承担责任 / 123
3. 感受——用认可感受的方式，让孩子迅速进入学习状态 / 131
4. 训练——用花时间训练的方式，让孩子习惯成自然地主动学习 / 136
5. 关注——用关注解决方案的方式，让孩子专注于学习本身 / 143

6. 给予——用给予关注的方式，让孩子摆脱学习的孤独感 / 149

7. 放手——用放手的方式，让孩子学会从挫败中站起来 / 154

第5章

陪写有方，养成孩子七大能力

1. 自信力——让孩子能够勇敢面对生活中的问题和挑战 / 159

2. 贡献力——让孩子找到自己的人生意义和目标 / 164

3. 影响力——让孩子可以影响自己的决定并为此负责 / 168

4. 内省力——让孩子学会自我评估、自我控制、自我管理 / 171

5. 合作力——让孩子能够与他人沟通、合作、分享、共情……/ 174

6. 把控力——让孩子拥有面对生活中的限制做出反应的能力 / 177

7. 判断力——让孩子拥有理性做出决定的能力 / 180

第6章

全面赋能，促进孩子学习能力迁移

1. "我有我的长项"——让孩子学会关注自己的优势 / 185

2. "我可以坚持很长时间"——孩子学会专注才能更好地去专注 / 189

3. "我知道问题在哪里"——培养孩子的抗挫折能力 / 192

4. "我知道怎么做,我可以继续做"——学会方法论更有坚韧度 / 194

5. "哪怕我不喜欢,我也能做好"——教孩子学会自我管理 / 197

6. "我只需要多迈进一点点"——让孩子学会探索 / 199

第7章

陪伴学习,其实是家长的第二次成长

1. 原来我也是个好学生——学习是终身的,家长你也一样 / 207

2. 原来我可以是个好同伴——把孩子当朋友,学会换位思考 / 213

3. 原来我是一个好教练——教,是更好的学习方式 / 221

4. 我可以成为更好的自己——谢谢孩子成就了我们 / 229

第 1 章
陪写作业，不是为了完成作业，而是孩子成长的阶梯

第1章 陪写作业，不是为了完成作业，而是孩子成长的阶梯

对于中国的父母来说，也许有件日常的大事最令人紧张，那就是孩子的家庭作业。每天下班回来第一句话就是："今天作业做完没有？"或是在孩子推开门进家的那一刻，会对孩子说："赶紧去写作业，一会儿要吃饭了。"大多数父母都把作业当成了一个任务，只要未完成那就是一个压力，赶紧做完好松一口气——毕竟自己在工作上的任务就是这样压得人喘不过气来，再往远了说是在担心孩子的未来发展，担心孩子的前途。然而，在孩子看来，父母却是在关心作业和成绩本身，而不是关心自己，所以和父母往往因为作业这个"连接器"而关系不睦。常见的情形就是不谈学习的时候，母慈子孝；一谈学习，就鸡飞狗跳。

作业这个"连接器"，既可以是糟糕的"连接器"，也可以成为彩虹桥般的"连接器"，取决于家长把它当成负担，还是孩子成长的阶梯。

1 作业是学习的开始——陪写作业家长需要有容错心态

● **做作业的目的是什么？**

在时间成为珍贵的稀缺品的当下，想要做到事半功倍，一定要把做事的目的想清楚，正所谓选择比努力重要。选择对的方向，努力才有意义，否则就是在做无用功，甚至会起到反作用。所以关于作业，虽然大多数父母都已经习以为常，写作业就是孩子的天职，是每一天的功课，但是依然应该安安静静地坐下来，好好想一想：让孩子做作业的目的到底是什么？如果家长们依然坚持"作业是学校布置的，想不想做都得做"的刻板印象，不容置疑地去要求孩子，那么就一定会在要求孩子写作业的过程中遇到很多挑战，且束手无策。

家长们在对待孩子的作业时，常常会陷入三个误区：

<u>误区一：作业是为了完成任务，让孩子为了做作业而做作业</u>

很多孩子都反映，回到家爸爸妈妈第一句话就是问，

"今天作业多不多？"或者让孩子"赶紧去做作业"。如果作业多，家长就很紧张；如果作业少，家长就很轻松。当家长用这样的态度面对作业时，孩子的感受就是：作业是一种痛苦的压力，巴不得立即对付完。只有作业不存在，压力才会消失。

其实作业只是学习的一种形式，无论当天的作业多与少，有没有作业，孩子都需要在每一天放学之后相对固定的时间进行学习活动。有作业便完成作业，作业多就提高效率，没有作业就用另一种方式来学习。有了这样一个态度和学习安排，那么家长和孩子就不会被作业牵动情绪，也不会把当天的愉快与否交由作业多少来决定。

误区二：作业要保证做好，一旦出错说明孩子没学好，要追究责任

家长常会检查孩子的作业，有的是因为学校的要求，有的是担心孩子做错。而家长们也常常抱怨："我简直被气得要心脏搭桥，5道题做错了4道""做错了题，我跟他说，让他改，他还不愿意！"

有些家长在检查作业的时候，表现得就像一个手握大权的监管者，一旦发现错误，就立刻毫不留情地指出来，甚至带着些扬扬得意的意味："看，又错了吧，又被我抓住了，今

天一定是没好好听课。"或是恨铁不成钢地指责:"你就是一点都不认真,只想做完了赶紧去玩。"有些家长甚至守在孩子旁边,一旦孩子写错或者写得不如自己的意,就立即上手帮忙擦掉:"重写!"就像一只虎视眈眈守着猎物的猛兽,恐怕被监视的孩子只顾着心惊胆战,害怕出错,完全没有心思在自己的作业上了。

其实,做完作业之后,家长要不要检查,这件事见仁见智。如果家长要执行检查这个动作,那么尽量把检查作业当成一次学习结果的即时检验,既然是检验,那么就客观地发现情况,并解决检查过程中发生的问题,目的是逐渐提高正确率。

这个过程是做得让人痛苦,还是让人欣然接受,大多取决于家长的态度与意识。

误区三:作业是为了占住孩子的时间,不让他无所事事

"双减"政策开始推行以来,有不少家长陷入了困惑中,接到大部分的反馈都是:"双减"之后作业少了,孩子的作业少了,没事干了,就有更多时间去玩手机了,怎么解决?

其实这就与家长对孩子未来的规划意识和规划能力相关了。作业和学科学习只是孩子生活的一部分,但是孩子未来的发展跟能力培养密不可分,家长需要的是培养孩子的能力,

无论是否有作业，无论作业多与少，都不影响能力的培养。

但是家长若没有规划意识，而把作业当成学习和培养的全部，一没有作业就不知道应该如何安排孩子的时间了，当然问题就出来了。

作业是帮助孩子掌握和巩固知识的一种方式，但不是唯一方式，做作业是为培养孩子能力服务的，不能让孩子围着作业打转，也不能让孩子为作业服务。

● 家长的正确态度：把作业当作一次难得的培养机会

那么，作业的目的是什么？要真正回答这个问题，我们先了解其定义，什么是家庭作业——家庭作业是学生在课外时间独立进行的学习活动，是为了检测学生是否学会了课堂知识的一种方法。

从定义可见，作业是一次学习活动，是一种方法。它的开展形式与课堂不同，不是通过集体共学或讨论形式，而是由个人进行的。其目的是检验，检验孩子是否学会了课堂内容。

要点一：作业是一种检验方法

检验的重点在"是否"二字，意味着其结果可以是"是"——已经学会了，也有可能是"否"——尚未学会。一定要注意的是，上课不能"保证一定可以学会"，所以要避免这样的指责："你今天上课听没听课？听课怎么能没学会呢？听了课为什么作业还错这么多呢？"要知道听课是一种学习活动，这项学习活动的质量如何，我们正在通过作业去检验。所以无论结果是"已经学会了"还是"尚未学会"，作业的目的已经达到——检验出了结果。

检验结果是客观的，它并没有对错，有对错的是成人对待这个结果的态度。

如果检验结果是"尚未学会"，家长便大失所望，大加批评，那么孩子对作业的认知便是："作业很讨厌，因为它，我会挨骂或挨打，它是让我痛苦的来源。"当然孩子不会喜欢作业，不会客观地对待作业，能不做则不做，能推则推。

若是用平常心去对待"尚未学会"这个结果，我们常说，错误是学习的好机会。把"作业不会""做错了"当成一次机会，一次沟通的机会，一次了解孩子的机会，一次帮助孩子成长的机会，那么结果就会大不一样。

"这道题不会,来,看看,它给定的条件是什么?哪些条件是有效条件,哪些是无效条件?知道了有效条件,能用今天学到的哪部分知识?"

"这道题,我的看法/我的答案和你不一样,你能跟我说说你的想法吗?让我们来看看在思路上有什么不一样?"

用这样的方式去对待"尚未学会",那便是"就事论事",跟批评无关,跟指责与羞辱无关,孩子在这里面感受到了支持,他的关注点都在作业本身。自然他对待作业的认知就是作业是一次跟家长讨论的机会,他喜欢这样的讨论。

要点二:作业是一次独立进行的学习活动

既然是一次学习活动,那么就需要规划和组织了,又因为它是独立、个人进行的活动,所以让个人来进行规划成为可能。

如何来规划作业?

通常孩子放学回到家,家长总是会跟孩子交流一下在学校的学习情况,与其问孩子:"今天在学校开不开心?"或者问"今天作业多不多?"这样的话,不如问:"今天在学校学了哪些科目?""在今天的语文课上,你印象最深刻的那个点是什么？"等，问得清晰具体，有效地了解孩子在学校的学习情况，同时已经在轻松的谈话中把当天的复习完成了，通过这样的问答，已经让孩子回顾了当天的学习内容，把枯燥的复习由孩子自己做变成了孩子家长一起做，并且为当天的家庭作业做好了铺垫。

接着，家长可以问问孩子当天的作业情况和安排情况："今天有哪些作业呢？""语文有几项？数学有几项？英语呢？""语文打算用多长时间完成？数学呢？""打算先做哪科再做哪科？"等孩子把这些问题回答完，他也就把当天的作业计划做完了，同时也做好了做作业的心理建设——"我要准备做作业了"。

在做作业的过程中，这个作业计划往往还会有调整，有时孩子对自己完成作业能力的估计尚不准确，或者因为各种原因（被家人打扰，自己走神或者被其他的学习习惯主动打断），导致某项作业大大超时。那么家长可以帮助孩子进行回顾："语文作业原计划是 30 分钟，实际上花了 50 分钟，一起看看在做作业的时候发生了什么事。"

"是因为今天的作业比较难，预计的时间给少了？""是被妹妹进来打扰了，还是被奶奶看电视的声音干扰了？""是做作业的时候，来回找橡皮、出去喝水等浪费了时间吗？"

总之，家长需要和孩子一起分析原因，共同找到问题点所在，提升孩子做作业的效率。

如果家长学会这样引导孩子安排作业，其实就是在培养孩子的规划能力、调整能力，在调整中又培养了孩子时间管理、任务管理、情绪管理和精力管理的能力，同时因为和孩子一起努力去克服其中的困难，解决发生的问题，又让亲子关系和谐发展。

2 什么样的作业是合格的作业？
——重新定义作业的标准

在陪伴孩子做作业的时候，家长最头疼的是孩子作业的正确率和书写的整洁程度问题。往往家长期望孩子做完的作业没有任何错误，并且如字帖一般工整，那么实际完成作业的标准应该是什么呢？

● 不是字迹工整、全对的作业才是合格作业

常常看到一些家长晒作业，孩子工整的作业引起一片"别人家的孩子"的羡慕声，也给另一些家长带来了深深的焦虑；或者家长参观了学校里展出的优秀作业，耳提面命地要求孩子每次都要以优秀作业为标准，来完成自己的作业。结果往往是家长的焦虑传递给了孩子，孩子的作业是越做越没有热情，越做越拖拉，各种不愿做作业的挑战就来了。

要解决这个问题，一定要了解什么样的作业才是合格的作业，把作业的标准通过和孩子共同讨论的方式确定下来，

达成共识，这样作业才能真正地成为帮助孩子继续学习的手段和方式，而不是一个需要面对的压力。

我曾经如同其他家长一样，在培养孩子的良好作业习惯时，要求孩子把作业做得工工整整、保持整洁是基本要求，如果有涂改，那么这份作业基本上就算不得优秀了。直到三年级，有一次我又在孩子写作业的时候指出她的作业潦草，原因是她没有一笔一画地写，写字就是刷刷地往前赶，不像认真的样子。

她停下笔，很认真地跟我说："妈妈，你想要什么结果？如果我一笔一画地写，预计的时间就完不成作业，后面的作业和练习就完不成了。"

我在那一刻被孩子教育了，是的，到底通过作业，我们想要什么结果？

通常要一笔一画地写，作业需要花的时间就长；如果想要在规划时间内迅速完成作业，那么就有可能字迹潦草。这就成为一对矛盾了。

如何解决这个问题？一定要把当前的目标想清楚。

目标一：要求速度

如果这段时间作业很多，其他兴趣班或者学习安排任务也很重，那么就请孩子用最快的速度做完作业，看看最快速度需要的时间以及作业潦草的程度是否可接受，和孩子确定一个完成的时间和作业书写标准，以满足各项任务完成的时间需求，这个做法是以满足在规定时间内完成既定任务为目的，那么作业的正确率和速度应该是主要考虑要素，而工整要求要略放后一些。

目标二：要求工整

如果这段时间孩子的主要任务是练字，那么尽量挑作业少或者假期的时间，让孩子有充分的时间尽量把字写好，记录他的作业用时，并且挑选出可以作为他自己范本的作业——用孩子自己的作业作为标准来要求孩子比以字帖或者其他人的作业为标准更有效。

目标三：训练效率

当孩子已经有了速度的概念，也有了工整的标准，约定一个时期，比如某个月定为作业效率月，拿其中一项书写作业为训练作业，让孩子尽量达到自己的工整标准，观察孩子用时多少，把结果告诉孩子，第二天再训练，让孩子努力再稍快一点，看看在工整程度不变的情况下，可以提升多少。在训练的时候，鼓励是不可少的，比如："我看到今天的训练时间，写一行字用时是 1 分 30 秒，比昨天的 1 分 40 秒快了 10 秒，这就是进步。"

训练的目的不是立即拿到期望的效果，而是稳步提高。

那么作业的正确率是否也可以训练呢？答案是肯定的。

在训练的过程中依然是以鼓励为主要的指导思想："昨天在 5 分钟里你完成了 20 道题，对了 10 道；今天同样是 5 分钟完成 20 道题，你对了 12 道；让我们来看看明天我们继续努力的话，结果会有什么不同。"

如果家长把每一次作业要训练的目标想清楚，并且落到实处，而不仅是要求孩子做得又快又好，那么孩子往往更愿意配合训练，而不是反抗。

在和孩子一起制定标准并且训练的过程中，一定要记得收集"证据"，客观地让孩子看到他的进步，譬如把原来很潦草的作业保存起来，和有进步的作业相比较，让孩子在自己不同时期不同工整程度的作业中感受到自己的进步，并感受到多次练习的重要性。

我曾经把孩子在 4 岁、5 岁和 6 岁背诵同一首古诗词的录音播放给她听，听完之后她会对自己进行评价："4岁的时候背得真是青涩啊，简单听不出来，那时候真是什么都不懂；五六岁背得也不太有感情。我现在背得有感情多了，妈妈，你可以再给我录一遍。"

通过自己学习上的进步，让孩子看到积累、努力付出所带来的变化，那么孩子会主动去学习和积累。

● 错题本，你真的会整理和利用吗？

三四年级的孩子，老师已经开始要求他们准备错题本了，目的是让孩子学会帮助自己把曾经做错的题总结归纳出来，下次不再犯同样的错误。然而让很多家长很苦恼的是，孩子不愿意搞错题本，或者是嫌麻烦，或者是因为没有时间。现在孩子们搞错题本的方式往往是把做错的题目，原题抄一遍，把原来做错的方式写一遍，再把正确的方式写一遍，这个抄写量变得很大，孩子就不愿意做这个工作了。当然也因此而产生了类似错题打印机、移印胶纸等辅助文具，但仍然因为这些文具会转移孩子的学习注意力或者效率不高等问题，而没有很好地解决孩子不愿搞错题本的难题。

其实，错题本搞好了，可以很好地减轻孩子的复习量，

陪写作业，不是为了完成作业，而是孩子成长的阶梯 第1章

精准地找到错误原因，帮助孩子提升能力。

以下面这错题为例：

2. 学校组织给贫困山区捐款的活动，五（1）班 65 名同学一共捐了 408.8 元，平均每人捐了多少元？（结果保留两位小数）（10 分）

408.8÷65=6.89（元）

答：平均每人捐6.89元。

可以看到，孩子的列式是对的，说明思路没有错，那么错在哪儿了呢？最后运算结果是错的。为什么算错了呢？

孩子翻看了运算的草稿纸，当时的运算是这样的：

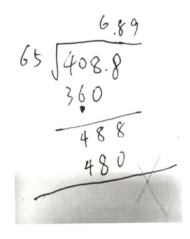

可见这道题错在除法列式运算中，那么如何写入错题本呢？

显然把整个题目抄下来，再做一遍是不适合的，只需要把运算的过程写下来，并在算错的地方做好标识即可。如果错题本可以这样做，那么在考试复习时，复习量会大大降低，只需要抓住易错之处，多练习、多巩固即可。

整理错题的过程，其实就是分析的过程，是提升孩子分析能力和查漏补缺的过程。这个过程如果能避免简单重复地抄写，真正找对方法，相当于第二次精准有效地写作业，这样的作业才是真正合格的作业！

第1章 陪写作业，不是为了完成作业，而是孩子成长的阶梯

3 写作业的正确姿势是什么？
——让孩子随心所欲爱上作业

● **随时随地开始做作业**

常常有家长说，叫孩子去做作业是一件极困难的事，催了很多很多遍，孩子就是拖拖拉拉不愿意动。如果做作业这件事对孩子来说是一个艰难的开始，那么通常是这件事的打开方式有误。要不就是孩子认为这件事过于痛苦，要不就是孩子认为这件事过于艰难。

其实做作业可以变得相当轻松，只要家长从小有意识地培养孩子一个意识："学就是玩，玩也是学"，那么作业作为学习的一种形式，不过是玩的方式发生了变化而已。

放学回家的路上就可以完成大部分作业啦："今天都学了什么生字呢？看看路边的招牌上有没有？有没有同音字，有没有形近字？看看除了招牌上的组词以外，还能想到什么组词？"

一、二年级的作业基本上是口述作业比较多，在一问一答间，作业就完成了，剩余一些抄写的作业，量就减少了，

甚至连组词都完成了。

至于数学作业，更容易就地取材了。比如应用题：同学们排队做操，小明前面有4个人，后面有4个人，这一队一共有多少人？让孩子站在人行道上的绿化树中间，前面4棵树就是4个同学，后面4棵树是后4个同学，那连上他自己（小明），一共是多少人？通过直观地观察，加上老师课堂的知识，孩子一下就理解了，回家把算式一列，作业就完成了。

再比如应用题：同学们排队做操，从前面数，小明排第4，从后面数，小明排第5，这一队一共有多少人？此刻如果就站在马路牙子上，孩子就是小明，请他根据条件在前面的几块砖上摆上落叶充当同学，再问问他，从后面数，他要排第5，后面得在哪几块砖上摆落叶，数数看这队有多少人？再想想看这道题如何列式，这道题就完成了。

随时随地就地取材，让孩子把抽象的概念形象化，慢慢地接受、理解之后，形成自己的学习方式，养成随时随地动脑筋思考解题的习惯，作业不过就是一件随时可以动手完成的事了。

第1章 陪写作业，不是为了完成作业，而是孩子成长的阶梯

● 每一次作业都是一次成长的机会

常有家长说，我孩子也听话，也想学，就是学得慢，作业很多不会，要家长辅导，可是我也有很多不会的，我辅导不了孩子，怎么办？

在我们的概念里，孩子要教，那么教他的成人一定要懂得的比他多才能教他，而且一定是成人教孩子学的方式才是辅导作业。其实这又是一个固有思维的误区。我们都知道，教是一种更好的学。作为教的那个人，需要对要教授的内容进行反复学习，然后再通过自己的理解表达出来，整个过程使教的人对于自己需要教授的内容会更加清晰，这样看获益最大的人当属教的人。

从这个思路出发，如果需要掌握知识的是孩子，那何不让孩子来教授相关的内容？

另外，孩子们也特别喜欢当小老师，原因是，老师往往是知识和能力的化身，比别人懂得多才能教别人，而孩子特别喜欢这种比别人强的优越感，所以用孩子喜欢的方式来让他进行学习，他就很难拒绝了。

那么如果孩子在做作业的时候，需要辅导，家长也不

会，怎么办呢？

"这个题啊，妈妈也不会了，小学的时候学过，但是现在记不清了。你可以把老师上课教的内容给妈妈讲讲吗？说不定能帮我想起来。"

请孩子把和作业相关的知识点找一找，让他解释给家长听，看看相关的知识点都有哪些，解相关的题会涉及哪些知识点。很多时候，孩子在看和讲的过程中，自己就明白了，往往这样获得的答案比家长教他的更深刻。

实在是解不出来，怎么办呢？

"这道题，你是打算找老师问问，还是找同学帮忙？问完之后也要教教妈妈哦，因为妈妈也想再学一次。"

让孩子带着教妈妈的任务去学习，不仅会更有动力，也会因为要教他人而大大提升能力。

● 额外的作业，是游戏不是压力

在我们给孩子做学习能力测评之后，会给不同优势和能力的孩子不同的训练任务。有些家长会担心："平时如果孩子作业少一点，特别是'双减'之后，我担心孩子剩余的时间都拿来玩了，就会给他布置额外的作业，他往往不愿意做。

这些训练任务,他恐怕也不愿意做。"

家长有这样的担心,是正常的,因为家长的亲身体验是孩子对额外任务的反抗,孩子之所以反抗,是因为家长给孩子布置额外作业的时候,让孩子感受到的是压力,而不是乐趣。

学习和训练其实可以很好玩,能让孩子在玩耍中不知不觉地获得能力提升。到现在我还记得,小时候我的口算能力是相当强的,原因是常常跟着母亲去买菜,那时候的物质相对缺乏,工资较低,人们对数字比较敏感。我上小学的时候,猪肉大概是一块两毛五,或者一块三毛五一斤,也不敢多买,称出来可能是二两三或者二两四,精准度很高。于是 1.25×0.23 就得用口算完成,而这样的两位数、三位数乘法难不倒卖肉的人,他们因为熟悉的缘故,很快就能算出来,而我往往要和他们斗快,所以慢慢地就在这样的游戏里,使自己的口算能力提升了。

虽然现在随着科技的发展大大减少了运算的麻烦,人们有计算器,有收银机,不必计算,甚至于不必用现金来回找零结算,但请孩子帮助计算这样的游戏还是大有裨益的。

和孩子到超市,同类产品里不同品牌、不同包装,算算哪个更便宜,这些都是很好的话题。让孩子在日常生活中去提升运算能力,孩子感觉有用有趣,自然就愿意去做,那么

不用督促的学习：作业辅导篇

把额外的口算作业布置在这样的场景里就会更有效。

我曾经和孩子一起去超市，恰好遇上优惠加上折上折。本来要买的酸奶，原价 8.7 元一瓶，现在买 5 瓶是 33 元，现场活动是买满 200 元减 30 元。这一下热闹了，孩子把购物清单拿出来，标出在活动范围内要采购的物品，对比要采购的数量差别，再进行调整，最后再决定如何采购。

这不是购物省钱数学题的升级版吗？而且让孩子在超市里马上完成，得出结果并执行。这样的额外作业是不是比坐在家里闭门造车，痛苦地模拟生活更有趣？

很多家长常常仅让孩子做书面作业，到生活运用时又担心孩子搞砸，怕他算错多花钱，怕他瞎出主意，怕他乱花钱，等等。于是乎不让孩子参与，不让孩子有发表意见的机会，结果孩子从来不觉得学习有用，当然不爱学。其实家长多多留意生活中的机会，把真实的生活作业留给孩子，允许孩子慢一点，允许孩子犯错误，信任孩子，孩子就会越来越能干。当他有责任感，想完成更多任务和工作的时候，学习的内驱力就来了。

陪写作业，不是为了完成作业，而是孩子成长的阶梯

 写作业必须是独立痛苦的吗？
——让孩子在作业中找到学习乐趣

开篇曾经说过，家庭作业是学生在课外时间独立进行的学习活动，那么写作业是不是只能让孩子独立完成，成人不能参与，孩子只能独自面对作业中的苦与难呢？

其实并非如此，家庭作业完全可以有多种形式，家长配合或参与，目的是让孩子在其中找到学习乐趣，当然，不同年龄段家长参与和配合的方式也可以不同。

● **低年级段：我和你一起**

通常一、二年级的孩子属于低年段的，书面作业相对少，孩子仍然保留着幼龄儿童需通过口述、语言交流来完成相应任务的学习方式。独自一个人做书面作业，还是有一定难度的。孩子无论是从手部精细动作发育、抽象思维发展的生理条件来说，还是从对人、事、物的理解及学习情绪、安全感等心理条件来说，尚未完全独立。这个时候成人更多参

与，并做相应的引导，对低年段的孩子形成良好的学习习惯相当有益。

例如，为了让一、二年级的孩子识字，可以设置一些游戏的方式。在地板上摆一些写有生字的卡片，这些生字可以是当天的作业，也可以加上已经学过的或者下一课要求学习的生字，当家长读出生字时，让孩子用蹦跳的方式跳到相应的卡片上，在正确找出的生字卡片上做个记号，最后把正确的路径连起来，看看是什么形状。

或者设置一个终极目标，如果路径完全正确就可以救出某个小动物等，让孩子在潜移默化中了解，他的学习是有意义的，是能够帮助弱小者的，把学习的价值感和神圣感在不知不觉中植入孩子心里。

每一天在相对固定的时间段完成作业，有时用游戏的方式，有时用问答的方式，有时用讨论的方式，由家长和孩子一起做，目的是让孩子习惯于做作业，习惯于每一天都有学习时间和练习时间，每一天都有收获。

● 中年级段：我和你一起，请你教我做

上了三、四年级，就是我们常说的中年级段，这时候孩

第1章 陪写作业，不是为了完成作业，而是孩子成长的阶梯

子已经适应了小学生活的作息安排，而从三年级开始，大量的书面作业开始出现，在知识内容上也开始有了深度的变化，初步从具象化向抽象化发展。所以我们说，学习上真正的幼小衔接往往是从三年级开始的。

如果说一、二年级学习的主要任务是培养良好的学习习惯，到了三、四年级就要开始培养逻辑思维了。由此可见，低年级段还在培养简单的行为习惯上，而中年级段要开始向思维能力进发了。那么这时候家长陪伴孩子做作业也相应地从培养"做"这个动作，深化到"如何做"这个层面。

很多家长对孩子作业的督促都停留在"快去做作业"的要求上，其实到了三、四年级，对于做作业，家长最应关心的是："这道题你是怎么想的？""你运用了哪个知识点？""是什么让你产生了这个想法？""由什么条件，你得出了这个结论？"通过这样的引导，让孩子学会思考，发现自己是如何思考的。

我曾经和三年级的孩子一起解鸡兔同笼的问题。刚开始孩子总是来问我，鸡兔同笼的问题如何解。

当我拿到题目时，很自然就用了二元一次方程式的解法，解开之后，我就向孩子解释我的想法，解释完了，孩子说："听懂了，但是如何列式运算呢？"

我想了想，从三年级的角度，我确实不会列式，我很坦诚地告诉孩子，我小学三年级的时候，这类型的题我也解不出来，直到学了方程式之后，才会解的。

孩子欣然接受我的坦白："好吧，我还是明天问老师去。"每次问完老师，她回来都会再教我一遍。直到有一天，她告诉我："妈妈，鸡兔同笼的问题我已经全通了，不管你出什么样的题，我都会。"

而我，也基本学会了从三年级的角度去思考问题。

鸡兔同笼，是中国古代著名典型趣题之一，在三年级学习解法，其实特别重要的是培养孩子的理解能力和解题思路，这类型的题除了古法和本质解法之外，还有表象解法、方程和公式等解法。而对于三年级的孩子，包含猜测法、假设法、鸡翅法、抬腿法等解题方法的表象解法更适合他们的年龄特点。表象解法既直观又有深刻的数学思想，可让孩子们学会多维思考问题。

作为家长，虽然我并不具备教授这种方法的能力，甚至我对这种解题法也没掌握，但和孩子一起做，和孩子一起探讨，并请孩子教授，结果是培养了孩子的钻研精神、表达能力，让孩子有价值感和成就感，进而使亲子关系也更融洽。

● 高年级段：我一直在，陪伴你打败孤独感

到了高年级段——五、六年级，孩子们真的开始跨越了，心智愈加成熟，无论个子多高，都是成人眼里的"半大的小伙子""半大的姑娘"了。于是老师和家长开始常常挂在嘴边的是："你都五年级了，应该懂事了""你都那么大了，应该会想了""你都快是大人了，这些应该会了"。当这些要求被多次重复之后，在准青春期孩子心里就会产生逆反，所以这个时期的孩子最常说的话是："为什么我一定要会，我也还是个孩子""谁告诉你的，我还是个宝宝呢"。他们用这样的认知尽力地甩掉成人用语言套在他们身上的"责任"。

也许，生活中的责任，家长可以用语言要求孩子，压制孩子；然而在学习中，家长就不那么容易分辨出孩子的退缩感了。

五年级的孩子开始学习方程式了，第一次接触有未知数概念的等式，对孩子的要求就是一个从具象化到抽象思维的跨越过程。

有一次，五年级的孩子问我一道题，特别简单的一道

方程式：$x + 12 = 24$。

她问我："为什么要 $x + 12 - 12 = 24 - 12$，这一看就是 $x = 24 - 12$ 啊。"

我想了想，说："是的，结果就是 $24 - 12$ 的结果，在式子的两边 $- 12$，是让人理解移项是怎么来的，将来在学习更复杂的方程式时，能够理解其根源。"

她依然不解，带着半大孩子气的语气说："明明可以简单直接，为什么要那么复杂。"

"嗯，不同人的理解程度不一样，允许你觉得简单，也允许其他人觉得复杂。"

她接着展示一道题：$x - 2.5 = 6$，在成人看来，这个题跟上一题没有什么两样，然而她的解法是 $x - 2.5 + x = 6 + x$，$-2.5 = 6 + x$，于是解不出来了。

显然这里面有两个错误，等式两边加错了对象，计算过程错误。

我问她的思路，她给我展示了课堂笔记：$15 - x = 2$，然后告诉我："老师说了要把 x 去掉。"

明白了，孩子在学习的过程中依葫芦画瓢，但没理解本质，x 是减数还是被减数，处理的情形不同，我大略地把区别跟她说了一下，她似乎懂了，但仍未透彻，我理解，接触一个新概念需要时间，允许她带着这样的懵懂多感受一段时间。

但是这样似懂非懂的感觉并不令人畅快,特别是对在学习上有过醍醐灌顶的舒畅感的孩子来说,无疑是一种压力,所以她一边做一边不满地嘟囔:"为什么要方程式,算式就很明确了。"

我笑笑,没有说话,没有试图说服她,因为我也有过这样的时期,因为心中有学不太通的郁闷感觉,需要用一些"无理取闹"式的抱怨把自己从糟糕的感觉中拔出来,然后继续前进,直到有一天恍然大悟。

而家长需要做的,不过就是默默陪伴,在他需要的时候伸出援手,陪他一起度过"恍然大悟"之前的孤独,等待"哇,原来是这样"的时刻。往往我们把"哇,我懂了"称为"拍大腿时刻"或是"Aha moment",孩子就在一个一个这样的时刻中成长、蜕变。

第 2 章
陪写作业，家长要避开的五大陷阱

陪写作业，家长要避开的五大陷阱

1 出人不出工——家长，你的态度让孩子学会敷衍作业

对于刚开始进入学龄的孩子，特别是刚刚开始接触规范学业学习的孩子来说，他们没有太多的作业经验，作业与玩玩具、搭积木、过家家一样，没有太多的区别，于他们而言就是一项工作或游戏。只不过这项工作和游戏，有着更规范的要求或者要在规定的时间完成相应的任务，且带着强制性而已。

通常，成人已有了多年的作业体验，他们常把自己做作业过程中受制、不自由，甚至痛苦的经历化作焦虑情绪，交给孩子。

我还记得我孩子比较小的时候，大约是读幼儿园中班时，有一天，他恰好有围棋兴趣班的几个练习和一个英语口语作业，还有一个别的小练习。吃饭的时候，爸爸也不知因何而感触，便叹了一声："你今天又有好几个作业了。"小孩一听，马上垮了脸："啊？又有好几个作业啊？"我随口就接过来说："对，作业就是玩，玩就是作业。"孩子转

过来，看着我平静的脸，听到轻松的语气，情绪马上缓和下来："嗯，作业就是玩，玩就是作业。"

可见，对小孩子来说，他并不真正理解作业意味着什么，他通过成人对待作业的态度，也就是在谈论作业时的情绪、语气来判断这件事是令人烦恼的，或让人愉快的，还是怎样的一件事。

所以在做作业这件事上，与其要求孩子，不如家长们先改变自己对待作业的态度，把从小被作业压迫的不愉快经历重新改写，用挑战游戏的态度来对待作业，再把这样的态度传递给孩子，情况就会变得不一样。

实际上，与其把作业当成孩子繁重的学习任务，不如说作业不过是检验孩子学习效果的工具，也是锻炼孩子意志品质的平台。完成作业的过程远比作业的结果更重要，因此家长只要改变自己对待作业的惯常思维和排斥态度，就能更好地提高孩子完成作业的质量，也深远地影响着孩子学习观的建立和学习习惯的培养。

陪写作业，家长要避开的五大陷阱

● "这样做作业太麻烦了"

在大小假期，有的学校老师会布置一些综合实践类的作业，比如"调查统计家庭一周使用塑料袋的数量""做一份节日主题手抄报""参加一次志愿者活动"等。我曾询问过几组家庭，孩子们说喜欢做这些综合实践作业，觉得新奇、好玩、有趣，但通常这些作业难度不小，都是被一直拖着，直到最后期限才被迫去完成。家长们也普遍认为这些作业难度大，做起来很麻烦，看到这类作业就头疼，很多时候孩子完成不了最后还得家长亲自操刀，学校最好是让孩子完成读一读、写一写、算一算这种有标准答案的作业，孩子更省力，家长也更省心。

随着课程标准的改革与实施，基于培养学生核心素养（见图 2-1）而推出的作业设计层出不穷。作业不再是单一地考查知识的掌握情况，而是重在考核学生应用知识的综合实践能力。

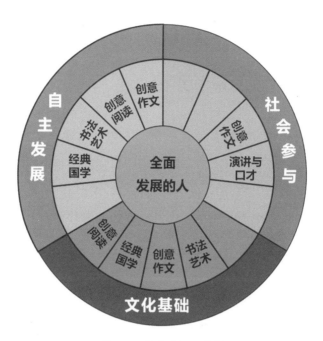

图 2-1 学生的核心素养

调查统计、观察记录、绘画设计、项目式学习这些作业之所以有趣,是因为它们贴近孩子的生活,而且几乎没有标准答案,能发挥孩子多元智能的优势,越是难度大的作业,越能体现孩子在学习中获得的价值感。但要完成这类作业实属不易,要投入的时间和精力是不可估量的,所以很多孩子因为担心"费时""麻烦",往往放到作业列表的最后一项去做,然而到了最后,孩子已经没有充足的时间去体验和完成,只好草草完成上交。还有的孩子因为能力不足,根本无法独

陪写作业，家长要避开的五大陷阱

立完成，以至于到最后也没有做完。渐渐地，孩子认为这些有难度的作业，超出了自己的能力范围，默默接受了自己"完不成"的现实，再有趣的作业也被无视和忽略掉了。

日本著名作家宫崎骏说："世界上重要的事，大多都很麻烦。"家长和孩子认为这些综合类的作业很麻烦、不愿完成的主要原因，是没有真正理解这类作业的意义，觉得只要能完成上交，应付老师就可以了。有的或是对孩子的作业成果有过高的期望，不能接受孩子完成的作业太粗糙；或是不相信孩子有能力完成，过多干预、插手，甚至代办。孩子们不仅失去了体验、锻炼的机会，也从家长的态度中感受到这些作业是个"负担"，是自己完不成、做不好的难事，失去了完成这类作业的信心。

综合实践的作业形式多样，要求比较烦琐，在完成时，很难一步到位。首先家长不要传递畏难情绪给孩子，正因为作业没有标准范式和答案，让孩子充分地参与其中，真正地去体验，就是作业的意义。没有完美的作业，只要用心参与，孩子或多或少都会有收获。家长从旁协助和指导，才能真正参与到孩子的学习中，才能更好地了解孩子的学习情况和当前的学习要求。家长提供适当的帮助和适时的鼓励，增强孩子们的自信心，这比起作业最后得到的等级更有意义。

记得有一次国庆节,孩子有一个手抄报作业。这个孩子有一个特点,对写、画等需要动笔的工作是相当不喜欢,大约是从小养成的习惯,过于追求作品的高质量,但实际小孩对笔的把握能力有限,而且写的速度又比较慢,便不太爱动笔了。也因此,这个作业拖到了假期即将结束,不得不做的时候。

看得出来孩子相当郁闷,很不耐烦地翻找纸张,找笔,找各种理由,很长时间都坐不下来,很久都没有开始。及至开始,又坐着发呆,实在下不了笔。

我在旁边观察了很久,决定要帮他一下,我说:"你对国庆节的印象是什么?特别是这几天,我们走在路上,你观察到和平时有什么不一样?"

孩子想了想,说:"国旗,主干道中间都有国旗,很多人手里都拿着国旗。"

"嗯,观察很仔细,你还看到了什么?"

"大花篮。"

"还有吗?"

"很多人。"

"还有吗?"

等我们讨论完,孩子已经有了很多内容的基本要素。接着我们又讨论,这些内容如何在一张纸上呈现,哪些要哪些不要，要的话要安排在什么位置。

然后又讨论需要用什么颜色，把需要的笔都找出来。

接下来要画了，看看哪些需要呈现的内容没有概念，不会画，可以到网上找一些参考图片和画法。

这样一来，一幅手抄报的大概轮廓就出来了，剩下的事就是细细地描绘了。一件本来很困难的工作因为有了这样一个抽丝剥茧的过程，变得简单，且可操作性大多了。

后来，孩子上了高年级，曾经有过小组完成手抄报的作业，也就是一个小组共同完成一幅手抄报。我发现他就是用了这样的方式，通过讨论、分配任务，组织同学们一起完成的。

所以综合实践作业并没有那么难，只要和孩子一起，把作业的步骤拆解出来，一步一步来完成，孩子的组织能力和执行能力就锻炼出来了。通常，一个综合实践作业可以从这几步进行引导：

第一步：这个作业听起来很有意思，做一做一定很有趣……（引起孩子的学习兴趣）

第二步：你觉得这个作业要怎么做……（协助孩子制订完成作业的计划）

第三步：按照你的想法，今天应该做些什么……（细化

具体完成的内容）

第四步：这份作业太珍贵了，你付出的努力没白费……（充分肯定孩子的成果）

第五步：如果下一次还有类似的作业，我们可以怎么做得更好呢？（启发孩子总结学习经验）

在陪孩子完成作业的过程中，我们会意外地发现，完成作业需要的知识和能力，我们未必胜于孩子，但我们有足够的经验分解任务、降低难度。当我们看清楚压力和困难时，孩子也会觉得压力和困难变小了，相应地提高了自己克服困难的勇气。

●"我看着你写"

有朋友向我诉苦："只要我不盯着孩子，孩子就不老实写作业。"我便笑着反问："是你喜欢盯着还是孩子需要你盯着？"朋友苦笑着回答："不看着他做，写出来的作业简直一塌糊涂。""那考试的时候，你也能盯着？"面对我的追问，朋友沉默不语。

朋友的苦恼道出了很多家长的苦恼，一旦家长不在旁边紧紧盯着，孩子要么坐不住到处晃荡，要么玩弄文具半天写

陪写作业，家长要避开的五大陷阱

不完，要么写的作业错漏百出，有的家长看着着急上火，索性啥事不做，只要孩子写作业，就在旁边看着。这种时刻盯着孩子的陪写方式，使孩子的作业正确率很高，但这无形中也对孩子产生了消极的影响。比如，孩子做作业时就要不断询问家长是否都正确，写一行字就想让家长看一眼，受到表扬再去写，或是自己写完不检查，心想着错了家长肯定会指出来，用不着自己检查。长此以往，孩子对家长的依赖不断增强，如果父母不能看着，就心里没底或者就抱着侥幸的心态，草草完成。

事实上，总是靠父母看着写作业的孩子，学业情况会越来越差。因为在看着孩子写作业的过程中，父母一直在扮演不允许孩子独立的角色，增加彼此的压力，把孩子本来很享受的事情变成憎恨的事情，从而使父母和孩子陷入权力之争。想要摆脱这个状况，最好的办法就是父母脱离权力之争，和孩子一起商量，设定一个学习时间，然后把处理作业这件事的权力交给孩子。

"现在妈妈得去忙自己的事了，我相信你能写好作业，等你做完了我会过来检查。"这也是一个从他律到自律的训练过程，从一开始的陪着，到远远地看着，再到默默地等着，花时间训练孩子独立思考、专注完成自己作业的能力。从长远的角度看，家长需要做的是给孩子创设一个安静的学习环境,孩子遇到问题可以主动去问家长,作业全部做完家长和孩子一起检查,在此之前,让孩子独自面对作业,学会了解和判断。

从一年级开始,韦雯雯做作业的时候,妈妈就坐在她的对面工作,或是看书,或是写文章,或是处理工作。

刚开始的时候,韦雯雯一碰到难题,就会喊:"妈妈,我不会。"妈妈马上过去帮她解决问题。但是随着韦雯雯喊的次数增多,妈妈发现一个语文作业,不过是生字抄写、组词,一页练习册能做一个晚上,孩子效率低下,自己也什么都干不成。

于是妈妈和雯雯商量:"我们来约定一下,每一个作业时间我们按15分钟算(每个作业时间算法参见《不用督促的学习》),这15分钟之内,你不喊妈妈,碰到不会做的先留出来,等到所有会做的作业都完成了,我们再一起来解决,好不好?"雯雯同意了。

第一个15分钟执行得很好,第二个15分钟,雯雯又有不会组的词了,她把笔一放:"妈妈,这个字怎么组词?"妈妈看了看她:"稍等,先做后面的啊。"雯雯想起她和妈妈的约定,点点头。过了一会儿她又习惯性地喊:"妈妈……"妈妈做了一个"嘘"的手势,雯雯马上笑了。

陪写作业，家长要避开的五大陷阱

这天晚上，雯雯的作业用时比平时少了一半，而妈妈的工作效率也很高。妈妈把这个变化告诉了雯雯，并且说："看得出来你已经开始学会如何提高学习效率了。"雯雯很高兴地笑了。

现在雯雯已经五年级了，她和妈妈还是相互陪伴做作业，习惯了互不打扰，又互相鼓励。有时雯雯的作业完成得快，忍不住跟妈妈巴啦巴啦地聊这聊那，妈妈说："稍后跟我说话，我正在写文章，你一直说话，我的思路会被打断。"雯雯马上感同身受地说："好吧，你的作业很难，没事，我等你。"

陪伴作业，不是大人盯着孩子做，不是等着指点孩子，而是你陪我，我也陪你。孩子在自己的学业上进步，家长在自己的工作上进步，这才是有效陪伴。

"爸爸，你来听我背课文吧。"
"我在忙着。"
"妈妈，这题我不会写，你来教我啊。"
"我在忙着。"
"妈妈，为什么蜡烛在水里没有熄灭呢？"
"我在忙着。"

面对孩子的呼唤，有多少次你是用"我在忙着"来回应的。父母一定有正在忙家务或工作的时候，但如果孩子看到父母只不过在打游戏或是在刷手机，孩子就会特别好奇大人们都在捣鼓什么。觉得手机似乎真的很有吸引力。孩子哪有这么好的专注力，不分心、不窥探？追求公平的孩子们，眼看自己要在屋子里写作业，父母却可以随心所欲、自由自在，在心里极度不平衡的状态下写完的作业质量一定不高。这也导致孩子对手机产生了执念，一旦有机会接触，也像父母那样放不下，进而用玩手机游戏取代了完成作业的重要地位。当初父母因为手机游戏无暇顾及孩子，等到孩子也因此而无暇顾及学业的时候，恐怕后悔不已。

当家长一而再、再而三地用"忙"来敷衍孩子，久而久之孩子索性也不问不提，热脸贴冷板凳的滋味让孩子有理由相信，自己在父母的心里并不重要，学习的求知欲也随之减弱。很多孩子都想通过积极向上的表现获得成人的认可和称赞，一旦这些积极的强化刺激逐渐减少或减弱，孩子就会逐渐失去积极奋进的动力。

那么如何解决家长真的在忙的问题呢？

阿力的妈妈常常加班，没有办法从孩子放学开始就看着孩子写作业。上完家长课堂之后，她便教二年级的

陪写作业，家长要避开的五大陷阱

阿力，先做会做的，不会的等自己回来一起做。慢慢地，她发现孩子把题都留到她回来再做，这样就有了新的麻烦——只要孩子作业多一点，就很晚才能睡。

不得已，她又回家长课堂来寻求帮助。老师让她先观察，如果她在家的话，阿力会怎样写作业。

阿力妈妈做了下面的观察记录：

周末做数学习题时，我依然是在离他不到1米距离的床上坐着看书。

他："妈妈，你陪我。"

我："我在啊，这不是在你身边吗？"

他："这道题我不会，你给我讲下。"

我："你先做会做的，把不会做的留下，一会儿一起解决。你看我也在学习，你这样打扰到我了。"（随着孩子重复地说上一句话，我也重复了几遍）

他："妈妈，你来陪我，都是不会的了。"

听到这句话我站起来，问他是哪些题不会，当看到习题时，我心里已经有了答案，这不是不会做，分明是没有静下心来，我猜他对题目只是走马灯似的扫了一下，如果认真读题，不会空着不做，更不会说"不会"。

于是，我坐在他旁边，让他读题，读完，大多数题都会做了。

似乎坐在他身边，而且必须是和他一起看题就是一种魔力，那如果我不在呢？如果我做自己的事，他会不断地叫我"妈妈……""妈妈……"，借此制造话题。

这看起来，似乎是孩子在依赖妈妈。于是老师让阿力妈妈尝试做"成果展示训练"——让妈妈跟阿力约定：阿力做作业，妈妈做家务，看看在每个作业时间（例如20分钟），各自能完成多少内容，并且鼓励孩子进步。

具体步骤：

第一，孩子先列出20分钟可以完成的作业，妈妈列出20分钟要完成的家务活动（洗多少碗、收拾哪片区域等）。

第二，两人分头行动。

第三，20分钟后，孩子展示自己完成的作业，妈妈展示自己完成的家务活动。

第四，妈妈及时鼓励孩子："看得出来，你自己就能独立完成自己的作业了。"

让孩子能从自己的成果中获得成就感，慢慢地他就习惯于独立完成了。

陪写作业,家长要避开的五大陷阱 第2章

负责当监工——家长,你可是"多年媳妇熬成了婆"?

● "怎么又错了"

孩子写作业,父母都希望孩子学的都会,写的都对,一旦看到孩子出错,特别是反复出错,嘴上就忍不住冒出一句口头禅:"你怎么又错了?"这一问,把孩子问蒙了,心中不禁产生许多疑问:我之前错过吗?我的错很严重吗?父母因此很生气吗?家长想表达对孩子学习的关切,但"总是""又"这些词让孩子感觉到的则是强烈的挫败感,父母的指责夹带着翻旧账的意思,孩子的心头一紧,一边观察一边揣测着父母的情绪,甚至脑海里也开始不断回忆类似的往事,哪还有心思放在当前的错题上呢?

父母质问的态度和语气可能还会引发一场亲子之间的权力之争,让孩子感到不被信任。孩子被信任,而且懂得不应该辜负信赖自己的人,此时家长的管教才会起到积极的作用,否则,只会让孩子感到厌烦。

"怎么又是你?""怎么又错了?"这些话耳熟能详,每个年代的父母张口就来，可以说我们小时候都被这样指责过。以至于当我们成为父母后，这些潜意识的话成了我们的条件反射，我们也用父辈的教育方式教育着我们的孩子。

这些话表面上是在提醒、指正，但说话人以高高在上的姿态揭露对方的不足，显露出的是两者地位的不平等。孩子从不抗拒改正错误，抗拒的是指出问题的方式。比起质问，孩子更愿意父母像队员一样，站在平等的角度，提出建设性的意见。

"这里好像有一处错误，你再看看""这个问题反复出现，我们得想想有什么办法能避免再出现"，只用陈述的方式提示，让孩子自己去发现错误，或是看到了什么都不说，让孩子承担扣分的自然后果。尊重孩子自我纠正的方式，孩子才能尊重并接纳家长有益的建议。

此外，谁能保证任何事情都不出错呢？即使是有丰富经验的成人，反复出错也是很常见的事，不要企图用成人的标准，甚至超乎正常人的标准去要求自己的孩子，这样只会加深我们养育孩子过程中的挫败感。

孩子也有敏锐的感知能力——不做不错，少做少错。如果努力的结果都是被否定和挑剔，又有多少孩子能越挫越勇，在失败的地方站起来呢？假如我们总是抱着批评的态度，经常无意中将偶然发生的错误单独拎出来，强化不当行为，放

陪写作业，家长要避开的五大陷阱

大错误的严重性，反而会让孩子渐渐养成永久性的缺点。再说，家长没有必要时时盯着孩子，孩子并不是为了满足父母的期待而活。学习原本是一件快乐的事情，绝不可以养成只有父母监督才学习的习惯。

冉冉10岁了，上五年级，冉冉妈妈一说到冉冉，就叹气。她觉得冉冉难搞，平时只要家长指出错误她就尖叫，不能面对现实问题，一直没有解决错别字多的问题。

有一次家长课堂上她写了一个冉冉的具体例子：

周一晚上，语文老师在群里说今天晚上请家长签名第三单元考试卷子，并提示孩子们考得不太好。冉冉回来要找我签名，基本上现在她考差了就来找我签名，因为我经过学习之后不打她了，她敢来找我了。

她拿给我签名之前，特意说明：我们班最高分才58分，我有56分，已经挺厉害了，看来她挺懂心理暗示的。

我拿到卷子一看，整体字迹还是非常端正的，卷面也很整洁。但到了最后，错了很多，而且错别字一眼就看到好几个。我说："你这有错别字，好几个呀。"她马上说："我不听！"并尖叫起来，催我快点签字。我也很生气："你让我签字，我肯定要指出问题，然后看看如何改正。"她根本不听，直接走开了。没办法，我只好坐下来，写评语并签名字。

  冉冉妈妈分析问题的原因是：孩子嫌弃自己说教、唠叨。

  冉冉妈妈的解决方案是：在家要练听写，解决错别字问题。

  看得出来冉冉妈妈经过学习之后，已经找到了问题所在，就是家长的态度是说教、唠叨的，孩子当然不愿意配合。

在孩子不配合的情况下，看似有道理的解决方案其实很难执行，因为执行者是孩子。在这件事情上，如果解决问题的关键在于家长的态度，那就要改变家长的态度。

家长已经知道整个班的学生考得都不太好，那么孩子来的时候，可以先问问整体情况，让她觉得自己没有被针对，比如："我听老师说，这次你们班都考得不太好，刚才你告诉我全班最高分才58分，你考了56分，看来你跟最高分很接近啊。你能跟我说说看，你觉得大家考的分数都不太高，原因是什么吗？"

如果孩子说是题目太难了，那妈妈就可以继续和孩子一起探讨了："估计是。那么对于你来说，你觉得哪些部分比较难？我们来一起看看丢分的都是哪些部分，哪些是题目太难

陪写作业，家长要避开的五大陷阱

丢的分？哪些是可以不丢分的？"

通过这样的态度——不被针对的态度，对事不对人的态度，孩子才能真正地进入要解决的问题中，面对自己的问题，并且乐于寻找不同情况下发生的问题，自己去找到解决方案。而且，只有在平和的情绪下，孩子才会思考："这个字我会，写错失分了，有点可惜，看来这个地方是可以不丢分的。我下次可以不写错别字。"

看，有了家长正确处理问题的态度，才在孩子与问题之间架起一座理解的桥梁，让孩子有机会跨过去审视自己的问题。

● "我来帮你擦，重写"

重写、重做是很多孩子的噩梦，谁会心甘情愿接受父母这般令人沮丧的要求呢？有的孩子一听到父母说："错了，擦掉重写。"马上就反抗："哪里错了！老师就是这么说的！我才不要重写！"错了还不承认，通常父母面对孩子的挑战一下子就火冒三丈："我来帮你擦，写不好再擦掉重写。"

追求完美是认真的人的终极目标，但是父母对孩子的作业追求完美，其实对孩子是一种伤害。孩子的学习是一个循序渐进的过程，对知识的掌握一方面是靠老师的教授，但另一方面也靠孩子自己的沉淀和积累。这是一个逐渐累加的过程。很多家长没有耐心，或者说对这个积累的过程没有概念，只要看到孩子的错误就会立即对其进行批评，然后开始给孩子讲解，要求孩子重写，巴不得孩子跨过积累的过程，一教就会，其实这是违背人学习的科学规律的。当然因为性格不同，有的孩子能接受并立刻改正，但仅限于改正，是否真正理解就不一定了；也有较多的孩子根本不能接受家长擦掉重写的要求，当然更别提接受父母当面摧毁自己辛苦完成的学习成果的做法了，他们通常会以反抗来对待父母的要求。如果孩子的精力都用在对抗父母上，一心想在亲子关系中夺回自己的尊严，又哪里能把心思放在错题的思考上，又哪里能进行深入思考和积累知识呢？

家长与其在看到孩子作业中的错误时立即要求孩子改正，以保证看起来正确来换取自己的安心，不如首先耐下性子来学一点正确的方式，然后帮助孩子从错误中获取新的认知。

当家长看到孩子的错误时，最好不要一下指出来，可以表达自己的看法："今晚这五道题，有两道我的答案和你不一样，难道是我小时候老师教的算法和你的不一样？你可以把你的思路和我说一遍吗？"让孩子通过对比，自行检查，以

陪写作业，家长要避开的五大陷阱

期发现错误，然后有选择性地决定是否订正、是否重写——"我们都不能判断谁的是正确的，那么你也可以留到明天，听老师再讲一讲。你愿意明天听完老师的讲解后回来教教我吗？"让孩子带着任务和探究的心理去进一步学习，看看到底是谁的对，哪一个才是正确的，保有这样的好奇心，孩子的学习会更深入，同时培养了孩子的责任感。而这样的进步，不过是转换了一下家长对待错误的态度而已。

一定要记住：错题可以重做，但是学习的自信一旦被摧毁，就不容易重新建立了。

3 站在孩子对立面——家长，你和谁是一伙的？

成为父母，是从第一个孩子出生的那一刻开始的。绝大多数父母在此之前，都没有经过专业的培训，这一新身份让家长常常感到迷茫，常常忘了其实孩子和我们一样，是平等的。在现实的家庭教育中，我们往往无视这一最简单的现实，导致本应该肩并肩的父母和孩子成为对立的双方，从而引发无穷问题。

● 面对孩子的错误，不诋毁，就事论事

"你怎么不认真呢？你这学习态度真要命！""你怎么这么笨！"这类话语很多家长经常脱口而出。许多家长时常被孩子的错误激怒，其实原因并不是孩子的错误有多么可恨，而是因为他们对孩子发泄情绪时，不会像对待朋友、同事一样立刻产生严重的后果，因此他们在潜意识里对孩子的表达便毫无顾忌，却不知心灵上的伤害会影响孩子的一生。

陪写作业，家长要避开的五大陷阱

其实孩子们的智力差异并不大。如果只用成绩来评价孩子，孩子无形中就被分为了三六九等，成绩差的孩子就被认为是"不聪明"或是"愚笨"的。这些孩子心里可能会想"我就是一个笨蛋，我什么都做不好，这么简单的题目我都会错"，由此推论"我的成绩这么差，父母怎么可能爱我呢？我就是一个没有价值的人"。

父母企图用羞辱的方式让孩子爱上学习，这真的是一件让人难过的事。是否把一切归因为无法改变的天生智力因素，父母身上的责任和愧疚才得以减少？事实上，给孩子贴上负面的标签，往往比做不好的事情更伤害和打击孩子的自尊。在和孩子沟通的时候，可以这样说："我看到，你这道题错了，如果想要理解并掌握这个知识点，你觉得可以怎么做呢？多练习几遍会不会对你有所帮助呢？"如果孩子真的通过加强练习，把这类题目都做对了，父母要及时肯定和鼓励孩子："你看，果然通过加强练习，错题都订正了，以后再遇到同样的题目，你肯定就会答了。"这样的表达方式，让孩子觉得，题目做对或者做错，跟自己是否聪明没有关系，而是跟自己付出的努力程度有关。

孩子并不是不能批评，只是很多家长不了解批评的一个重要原则，就是就事论事，把人和事分开。只对事实做客观描述，不对人做主观评价——贴标签，尤其是描述一个人身份的标签。每次的失败只是孩子的经验和技巧还不够，完全与孩子的个人价值无关。

我曾经听过一个演讲，主讲人是一位有40年教龄的老师。她说她这一辈子要么是在学校，要么在是去学校的路上，要么是在讨论学校里发生了什么事。

她讲到曾经做过的一个小测验，20道题，一个孩子错了18道。于是她在他的卷子上写了个"＋2"并画了一个大大的笑脸。孩子跑来问她："老师，我是不是没及格？"她说："是的。"

孩子又问："那你为什么给我一个笑脸？"她说："因为你正渐入佳境。你没有全错，还对了两题。那么我们复习这些题的时候，你会做得更好，对吗？"孩子亮晶晶的眼睛看着她，说："是的，老师，我可以做得更好。"

讲到这里，她说："如果我在卷子上写－18，会让人心生绝望。但＋2意味着，'我没有那么糟'！"

全场掌声雷动，这是一位真正懂得鼓励孩子的老师。

● 与其花时间批评孩子,不如引导孩子端正态度、掌握好的方法

很多孩子都会出现抄写错误、审题错误、书写不规范以及不会检查等情况,对于出现这些错误的原因,很多家长经常归因为孩子马虎、不认真、粗心大意,其实并非如此。孩子答题出错,要么是对运算意义不甚理解;要么就是没有掌握必要的运算知识和技能;要么就是数感差、算法单一,没有掌握检查的方法,答题时注意力不集中;等等。

要想减少错误的出现,首先我们要认识出错的真正原因,采取行之有效的措施来提高计算能力,如果一概归为不认真所致,孩子依旧难以发现自己存在的问题。"学习要认真"这句话太空了,孩子仍然不知道具体怎么做作业。因此如果发现问题,更需要的是教给孩子写作业的方法,帮孩子养成良好的写作业习惯。

书写规范

语文方面,汉字书写时按笔画顺序写,不仅能写得更工整美观,也不容易遗漏笔画,而且美观工整的字迹往往能获

得较高的卷面书写分。有的孩子很疑惑，只要能把字写出来不就可以了吗，为什么要强调按笔顺来写呢？要知道写好一个字的关键是写好结构，每一笔都是以上一笔作为标尺去找位置的，比如最常用的笔顺规则是"从左到右"，但写"这"字时，笔顺要根据字的半包围结构，先写里面的"文"字，再写"走之旁"，反着写很容易出现字出格或因为空间不够把横、撇两笔写成横撇一笔。另外汉字书写笔顺遵循"最短路径"的原则，按笔顺写汉字可以帮助我们提高书写速度。

严格要求书写不仅适用于文科类科目，理科类科目同样适用，而且尤为重要。

数学方面，很多孩子为了节省时间，不用草稿本，直接写答案，即使用了草稿本，列式计算时书写潦草，誊抄的时候可能会把"7"写成"1"；或是见缝插针地用草稿本，东写一点，西写一点，写完想要回看验算的时候不容易找到演算过程，不利于检查纠错。实践证明，草稿本草不得，虽然用不着过于细致，但一定要规范书写，做到专纸专用。首先草稿本上演算过程要按题型分区使用，最便捷的就是把草稿本对折，在每个区域写清题号和每一道题的解题步骤，一旦计算有纰漏的时候也很容易发现问题，便于及时修正，这样比重新再计算要节省很多时间。通过这种方法的训练，孩子的数学计算因书写而出错的概率会大大降低。单元复习的时候，这些规范书写的草稿本可以成为孩子重点回看的复习本。

仔细检查

在学习过程中，很多孩子在做题时都忽略了检查这一环节，经常出现漏题的情况却不自知，或是认为做一道题，做完了就是完事了，或是想当然地认为自己做的不会错，没有必要检查。还有一些学生根本不知道该如何检查。当老师或家长提醒他们做完题目一定要认真检查时，这些孩子只是把自己的做题过程又看了一遍，以为这样就是检查了，结果就是，错的还是错的。其实针对不同的题型，有不同的检查方法，老师在课堂上教的方法，家长如果也有所了解，就能更有针对性地帮助孩子。

（1）整体检查，不漏一题。

大题中的小题常常被粗心的学生忽略，完成所有的作业或者试卷，从题目序号开始依次往下核对有没有不会做的、不确定的或者没有看见跳过去的题目，如果有要及时补做完整。检查作业的能力不是天生的，需要通过练习提高观察能力。

（2）检查书写，关注格式。

明明知道答案，可因为书写错误，或是没有按要求回答导致扣分的情况比比皆是：写话开头没有空两格，要求用横线画出正确答案却用了对钩，要求写上序号却直接写了答案，要求写运算过程却只写了结果……这些格式的错误都可能因小失大。

（3）检查准确度，回看一眼。

答题过程中经常手脑不一的孩子，比如想着3却写成8，要学会边写边回头看，看看自己写的和自己想的是不是一样，回看的半秒钟时间能减少符号、得数、形近字、同音字的错误，大大提高正确率。

（4）积累易错点，重点检查。

孩子容易犯的错，有没有再犯？比如甲是乙的2倍和甲比乙多2倍要分清楚，平时要注意累积自己的易错点，作业或考试中有类似的题目要重点检查。

（5）反着推理，快速排查。

孩子常常遇到一些选择题、连线题、计算题，有一定的逻辑关系，根据答案反推题目，如果也成立，那肯定做对了。如果换个方法和思路得不到相同的答案，有可能就存在错误点，可以在短时间内重新排查。

（6）写作题，边读边查。

中英文写作，首要做到中心紧凑，文从字顺。很多孩子洋洋洒洒地写完作文仔细一读，才发现语句不通顺，少字漏句，或是写着写着就离题了。好作文是改出来的，写完作文一定要多读几遍，边读边修改，自己能在读的过程中发现不

陪写作业，家长要避开的五大陷阱

足，边读边润色。

很多时候一谈到"学习态度"就有家长感到沮丧，纵然知道态度决定高度，决定学习效率，但很多时候，真正的问题不是态度不端，而是方法不正确，学习不得法，孩子越学越沮丧。家长如果只看到结果，而忽略了过程，便会经常为抚育孩子过程中不可捉摸的明天而焦虑。其实，真正的陪伴是彼此相依、共同成长。父母陪伴孩子，是成长的起点，也是幸福的起点。

4 层层加码——家长，你是孩子的另一座大山吗？

● "这么快写完了？把这些习题都做了！"

在学校的自习课上有足够的时间把当天的作业写完，可是每当其他同学都争分夺秒地完成作业时，小智总是一副懒散的样子，当老师提醒他："抓紧时间把作业写完，回家就有更多时间去玩了。"他却说："无论多少作业，我都没得玩。我回家再写吧，在学校写完了，回家我妈还是会给我加作业的……"

孩子通过观察，基于对父母行为模式的大致认识，便会采取行动来迎合或抵制父母。反正回家后的结果都是没得玩，不如先玩够了再回家。孩子的理由是多么充分呀，其背后反映了一个普遍存在的事实——作业成为束缚孩子的工具，似乎作业写得越多，对孩子学习的帮助越大，以至于当"双减"政策落地时，引发了很多家长的焦虑和恐慌——这么少的作业，孩子学习能跟得上吗？为了减少这方面的担心，不少家长在家里自发地给孩子"开小灶"，按照当天学校的课程进

陪写作业，家长要避开的五大陷阱

度，额外给孩子布置作业。

其实，"双减"的本意是要有效减轻义务教育阶段学生过重的作业负担和校外培训的负担，目的是让孩子在课余时间有更多的时间和机会发展兴趣爱好，提高综合素养，同时也让家长有机会更多地去和孩子沟通和交流，有机会通过解决孩子成长过程中出现的各类问题，培养孩子的健康心态、优秀品格和人文素养、动手能力、创新精神，等等。那么陪写作业就是一个了解和认识孩子的好机会。作业原本就是用来帮助孩子巩固并理解知识，同时让孩子树立责任意识，在写作业的过程中懂得今日事今日毕道理的一个工具。如果家长滥用这个工具，盲目地增加孩子的作业量，不仅无法培养孩子的品质和能力，还会造成作业拖拉、厌倦学习的不良影响。

是不是"双减"之后，就任由孩子随便玩，不学习，把除了作业之外的时间拿来玩手机、玩游戏了呢？当然不是。除了作业之外，孩子可以发展的课外兴趣是相当多的。家长可以根据社会发展需求，以及孩子的能力和兴趣，做好孩子的发展规划并做相应的训练。

首先，在大语文时代，阅读成为很重要的一项必备能力，孩子在做完作业之后要进行大量的阅读，那么家长需要提供阅读的软硬件条件——准备阅读的图书，陪伴孩子阅读，在家里形成良好的阅读氛围等。

其次，每个孩子的优势能力不一样，兴趣爱好不同，可以根据孩子的能力加以训练。如果这个孩子在乐器方面有天赋或者很热爱，每天还要规划出训练的时间；如果孩子动手操作能力强，在做小实验、搭建积木等方面有特长，那么就可以规划时间让他多练习。

这么一来，孩子哪里会有多出来的时间？不过是把以前大量用在重复性作业上的时间放在了更有益于孩子发展的项目上了。

所以"双减"之后，家长需要做的不是额外加作业，把孩子的时间占满，这种简单粗暴的做法只会毁掉孩子的学习热情。家长需要站在更高的维度上，从孩子全面发展的层面，科学地做好学习规划。

另外，如果孩子在某个学科上有所欠缺，家长可以额外布置一些训练，让孩子有效地加强练习。但是仍然要有规划，并且和孩子协商一致，而不是由家长单方面决定，以免引发孩子反抗。

●"这么快做完一定没认真"

"孩子做是能做完的,作业也做得很快,就是不认真。"这是家长们最常见的反馈。其实这就是典型的以"速度决定质量"的错误认知。人们常说"慢工出细活",所以默认做得快,活一定是粗糙的。但是另一方面,如果孩子做作业时间长,又会有家长说:"做这么慢,他就是在拖拉。"

可见,在很多家长眼里,快=不认真,慢=拖拉,显然是想要孩子以一个恰当的速度来完成作业,然而怎样的速度是"恰当"的,家长并没有概念,这个"恰当"的标准完全凭借家长的感觉。那么这样的评判显然有失公允且无法让孩子信服,当然也无法帮助孩子发展出良好的技能来。

至于"完成得快"是不是不认真,这需要客观标准来判断。如果家长担心"孩子作业完成得快一定是没认真写",那么在开始做作业之前,可以和孩子一起来安排一下进度:

语文有哪几项?预计分别用多长时间完成?

数学有哪几项?预计分别用多长时间完成?

英语有哪几项?预计分别用多长时间完成?

……

有了进度安排和时间预估，孩子和家长都做到心里有数，就能大概知道今天的作业需要花多长时间了，那就不是凭感觉了。

在实施的过程中，再来进行了解和分析：

例如，语文预计60分钟完成，结果是40分钟完成的，那么原因是什么？预估得不准确，时间估长了？完成的时候过于追赶时间，没注意完成的质量？——分析出原因，和孩子讨论下一次作业如何按质按量按时完成。

那么什么叫按质按量呢？如果孩子和家长意见不一致，可以以某次孩子完成得不错的作业为标准——字写到这个程度，卷面达到这个标准即可。建议家长们用自己孩子的作业为标准，而不是以其他同学的优秀作业为标准，其他同学的作业可以是参考，可以是学习的目标，但自己的作业是自己曾经完成的，是一定能做到的，以此为标准，孩子更容易接受。

可见，家长在判断"孩子作业做得快，是以什么态度来做的"这件事上，如果是本着帮助孩子成长的态度，而不是挑剔的态度，就能想出很多帮助孩子真正成长的办法。

如果家长以不信任孩子的态度来对待作业这件事，那么后果是相当严重的。

奥地利著名个体心理学的创始人阿尔弗雷德·阿德勒

陪写作业,家长要避开的五大陷阱

说:"幸运的人一生都被童年治愈,不幸的人一生都在治愈童年。"父母的不信任,是对孩子最大的伤害。有多少孩子竭尽全力,想要赢得父母的肯定,但如果孩子努力进取,而父母却表示冷漠或不屑一顾,孩子会非常受挫。可是父母担心孩子会骄傲、懈怠,为了鞭策孩子,总是"鸡蛋里挑骨头",孩子也会因此对自己的能力感到怀疑,在他们心里形成一种思维定式:"反正写得快也被说不认真,干脆先拖着,慢慢写。"家长对孩子能力的不信任,过于挑剔,让孩子产生了消极被动的情绪,丧失了继续努力进步的信心。

信任是相互的,父母不信任孩子,孩子也很难再信任父母。如果父母都不能信任,那孩子还能相信谁?我们常说,在信任中长大的人充满自信,那么父母通过肯定的态度,不断地鼓励孩子进步,孩子也能养成自信的品格。

5 负责当验收方——家长，你是测试终端机吗？

孩子不想用功学习，认为学习不是自己的事情，或者厌恶学习，这些现象通常与父母有关，有可能孩子是在抗拒父母的控制，是反抗父母标准的一种表象。当父母介入孩子的作业时，给的不是激励和鼓舞，而是压力和批评，那么有多少孩子会把父母的用心良苦当作金玉良言？父母苦心陪读，若方法不当，那么换来的只能是孩子的充耳不闻，或是孩子采取抄袭、作弊、修改卷面分数的方式来满足家长的虚荣心。

阿尔弗雷德·阿德勒认为，当我们评价一个人的时候就会天然带着一种俯视感。当家长在检查孩子的作业或检验孩子学习成果的时候，高高在上的姿态就是一种俯视，孩子不会感到平等，当然不利于沟通了。

● **指正错题有技巧，孩子学习动力大**

孩子如果在学习过程中，持续获得成就感，学习动力就

陪写作业，家长要避开的五大陷阱

会源源不断地产生；相反，如果家长总是对孩子全盘否定，不仅使孩子的自我效能感降低，还可能破坏孩子的归属感。特别注意，"每次"这个词的泛化使用，会抹杀孩子所付出的努力，所以家长能及时调整自己的思维方式，认可"过程比结果更重要"会更好地帮助孩子。

当我们检查出孩子作业中的错题时，要先调整好情绪，心平气和地询问："这些错题是什么导致的？现在你会改吗？需要爸爸妈妈的帮助吗？"这个过程我们在帮助孩子进行反思，并且让孩子感受到，出错并不可耻，爸爸妈妈还会帮助自己，这样孩子会更愿意面对错题，并及时订正，争取下次不再犯同样的错误。

每一次检查的时候，先找优点、亮点，关注做对的题目、完成的态度、进步的地方，再指出存在的问题，这样孩子更容易接受家长的意见。出错是事实，但怎么指正，孩子更有学习动力？建议先提示孩子作业中的错误："这一页有两处错误，你看看能不能发现并改正？"如果孩子自己发现错误并改正了，再激励孩子："错题也难逃你的法眼，如果下一次自己先检查，正确率就会更高了。"

小睿的妈妈很少直接帮三年级的小睿检查作业，妈妈觉得这是孩子自己的事，做错了，第二天老师会指正，孩子还有机会改正。不过,小睿常常会问妈妈问题,妈妈在教小睿的时候,最不能容忍的是卷面不整洁,多次涂改,字挤成一排,经常分不清偏旁部首。

小睿妈妈每次看到小睿的作业就会说他一次,小睿很不耐烦,好好的一次讲题最后不欢而散。多次发生这样的情况后,小睿妈妈到家长课堂上来找老师支招。老师给了一种解决方案:"像看待孩子做错作业一样去看待卷面整洁问题,然后再找机会去鼓励孩子。"

小睿妈妈带着疑惑,决定听老师的建议先观察试试看。

这一天,小睿回家宣布:"我要开始练字了!"

妈妈一听,欣喜中带着犹疑:"能不能跟妈妈说说,发生什么事了?老师批评了?"要知道,练字这样的事,可是小睿的大忌。

小睿从书包里把语文作业本拿了出来,一翻:"你看,全对,可是语文老师给了个B-,说卷面太不整洁。"说着又把数学作业本拿了出来,又一翻:"全对,数学老师说'答'都写一块了,看不清,给了A-!"

小睿妈妈心里乐开了花,这也太巧了,老师们全是神助攻啊,但脸上却不显山不露水,平静地问小睿:"那现在要怎么做才好呢?"

陪写作业，家长要避开的五大陷阱

小睿说："练啊，把字写整齐啊，还有什么办法？"

妈妈说："看来这件事对你来说影响很大，妈妈支持你，花点时间来把字写整齐。"

当天，小睿的作业速度明显降了下来，因为要把字写好。小睿写完作业，还把作业本在妈妈眼前展示了一下，妈妈一看，差不多，涂涂改改依旧。妈妈刚想说："这不是还乱着吗？"突然一想，老师说要鼓励，于是妈妈把作业拿过来，翻到 B- 的那一页，对比了一下，确实整洁了一些。小睿妈妈说："看得出来你用心了，B- 的作业涂改了12处，今天的涂了7处。"小睿自己拿着对比了一下，开心地说："我还能不涂改，明天就不涂改了。"这时候，妈妈指了两个字，说："这两个字，我写的和你不一样，你要不要翻生字表对一下？"小睿一看，不好意思地笑了笑："写错了，现在去改。"

第二天，小睿的作业涂了5处。

第三天，小睿的作业涂了3处。

某一天，因为赶时间，小睿的字又潦草了，他跟妈妈说："如果一笔一画，时间会来不及，先完成作业。"妈妈鼓励他："看来你很懂得轻重缓急。"

小睿五年级的时候，作业本已经变得相当整洁了。小睿妈妈总结说：与其关注孩子错了多少，不如把现在错得多当成一个好的开始,说明孩子进步的余地大,可以通过孩子的不断进步来鼓励孩子。

家长的思维和行为模式发生改变,孩子也会随之改变。错误是成长的契机,当孩子能够克服困难,感受到学习的成就感时,就会有不断挑战的勇气,养成成长性的思维,提高内驱力。

● 每一次作业问题都是了解和支持孩子最好的时机

如果孩子做作业都能做对,家长当然会很欣慰,高兴溢于言表。可是当孩子作业出现错误的时候,很多家长的不满情绪就会挂在脸上,通常会对孩子进行批评和指责:"你今天上课认真听了吗?怎么有这么多不会的地方?"这样的批评太常见了,听起来很有道理,但是在我的家长课堂上,我常常问家长们这样的问题:"今天我们的课堂累不累?"

大家会说:"不累!""特别有趣,很轻松。""不知不觉就下课了。"

我一听接着问:"那么,今天都认真听课了吗?"

大家又说:"有啊,想走神都走不了。"

陪写作业，家长要避开的五大陷阱

于是我又问："那么回家怎么引导孩子，你们一定不会有问题了，对吗？"

常常有些家长会说"对！"马上又反应过来："听懂了，但是不一定能做得到，还得练习。"

于是我接着问："那么平时我们要求孩子'听了就一定要学会了，学了就一定要做对了'，这个要求合理吗？"

大家恍然大悟。

如果你还有疑惑，那么回想一下你参加过的成人课堂，甚至读书时上过的课，有没有课堂上认真听，似乎听明白了，但是实际上一做题又不太明白、没做对的时候？有没有通过多次练习才真正掌握某个知识点的时候？

如果你有过这样的经历，就更好理解：作业其实是又一次练习的机会，是让孩子从听懂到理解，再到掌握的过程。

如果你从自己小时候学习的过程以及成年后学习的体验中理解了孩子，那么再来看看不科学地要求孩子"听了就一定要学会了，学了就一定要做对了"会给孩子造成什么后果：

（1）自动"咆哮模式"只会关闭沟通之门。

在检查作业时，一旦发现孩子有较多不会或者错误的地方，家长就开始着急、心焦，很多家长就自动进入"咆哮模式"，没有了解真实情况就开始指责。要知道，指责其实并不能帮助孩子解决任何问题，只会让孩子想逃避这种让人难堪、羞辱的场景，不沟通，以免指责的持续。于是孩子哪怕有难处也不向家长求助，从此与家长间的沟通之门关闭了。

（2）指责而非帮助只会让父母的权威下降。

如果父母常常把似是而非的道理或者要求摆在嘴边，正言厉色地要求孩子，等孩子慢慢长大后，一旦发现父母说的并不准确，那么父母的要求在他那里就会打折扣，或者再说道理就无法让他信服了。例如，"听了就一定要学会了，学了就一定要做对了"，其实成人也做不到，当孩子发现父母学习的时候也无法做到时，他当然就不再听从父母的话了。

（3）不合理的要求会让孩子自信心受挫。

有些习惯顺从的孩子，会很容易从自身找问题："爸爸妈妈常说'听了就要学会了，学了就要做对了'，我为什么做不到？我认真听了，为什么还有那么多不会的？我是不是笨？"——如果孩子用不合理的要求来对待自己，产生自我怀疑，那么自暴自弃就很容易发生。

当孩子作业错得多，或者有不会的知识时，我们要学会坦然接受孩子的现状，因为问题就是机会，恰是家长帮助孩子了解自己的好时机。我们要做的就是了解孩子，给孩子以支持，帮助他做得更好。

首先，了解孩子最近的学习情况。

如果孩子突然出现作业出错率特别高的情况，家长可以

陪写作业，家长要避开的五大陷阱 第2章

通过询问了解，是否与新学的知识难度大、作业题型没做过、当天的身体状况不佳、课堂出现了干扰因素等有关，找到真正的原因，然后把孩子遗漏的知识及时补上，或是及时调整听课中存在的问题，和孩子一起解决问题。

其次，鼓励孩子。

检查作业的目的是改错、纠错，并不是要放大孩子的错误，掩盖孩子的优点。如果家长把孩子每天做对的题目和做错的题目进行比较，也许会发现孩子正确的题目远远超过错误的题目，那么就鼓励孩子："看来你已经掌握的内容比没有掌握的多啊。"这样做家长的情绪很容易稳定，也能让孩子更放松地面对错误。

如果孩子确实做错的内容比做对的要多，你也可以充满善意地鼓励孩子："你正在渐入佳境。"

再次，让孩子体验自己行为带来的后果。

有时候，孩子是因为懒散或者情绪不佳，而导致发生了较多的错误，那么可以让孩子带着错误回到课堂，和老师的讲解或者同学的学习对比，让孩子来感受自己懒散的行为或者未能管理好情绪带来的后果，让他学会为自己的行为承担责任。

第 3 章

不用督促的学习,从有效的陪写开始

1 "太好了，这道题错了"——写作业不是考试，而是一次学习

写作业必须一遍全写对——这是对作业意义的错误理解。当天作业当天毕，就是为了让孩子通过老师布置的作业，对当天学习的内容进行强化巩固，同时通过不同的题型，考验孩子是否真正理解了知识，老师和家长再根据孩子完成作业的反馈情况来加以辅导。题目千变万化，即使认真听课的孩子，也不见得能完全理解作业的题意，完全正确地写出答案。

既然作业出错是不可避免的，而且学习中总有"不确定性"存在，我们就要放下"孩子的成长中不能出错"的焦虑。一旦孩子的表现不如家长的预期，家长的本能可能是责备、大骂，希望孩子"长记性"，以后不再犯同样的错误，但是孩子的期待又是什么呢？是接纳、包容和支持。

因此，家长看到孩子的错误，不必大动肝火，而是应该庆祝——"太好了，我们又找到了一处错误可以修正！"人的学习方式有两种，一种是从他人的经验中获取知识，比如阅读、听课、听家长讲述，另一种则是从自己的错误中学习

经验和教训,从而有所成长。第二种方式可能会让孩子走很多的弯路,经历很多惨痛的教训,但这是最为可贵和深刻的学习方式。

● 有错可改——学习自己承担责任

我见过这种情况:孩子的学习能力较弱,从一年级开始就"吊车尾",写作业成了孩子和家长的沉重负担。有时候家长没有时间辅导或是教了很多遍都教不会,便失去了耐心,把题目的答案写到纸上,让孩子直接抄到作业本上。看上去作业都写完了,正确率还很高,但都是家长答的,老师无法从作业中了解孩子对知识的掌握情况,还觉得孩子学得不错。可是到了考试,没有人在旁边"提供答案",孩子就无从下手了,所以经常空题甚至交白卷。还有的孩子,为了让家长开心,在学校借同学的作业抄,写作文就抄优秀作文集,这些"优秀作业"写得又快又好,家长多省心!从短期来看,还能赢得家长和老师的称赞,但这个学习的结果却是"无效成功"。

心理学家马努·卡普尔在2006年提出了一个新概念——"无效成功"。他把成功分为有效成功和无效成功,失败分为有效失败和无效失败。有效成功就是让孩子在完成任务的过程中收获的成功,而无效成功指的是尽管完成了任务,但是孩子从中得不到任何收获的成功。如果孩子每次写作业都是全对,从这个层面上来看就是"无效成功",也可以说失去了做作业的意义。

kiki上课专心致志,积极思考问题,认真完成每一次作业,是老师和同学们眼中典型的努力型好学生。

一、二年级的时候写作业,她常常与满分擦肩而过,不是这里错一点就是那里漏一些。因为大家看到她在努力、在上进,谁也不会批评和指责她。尤其是她的父母,对于孩子不圆满的学习结果,或是温和地鼓励她:"没关系,知道怎么错的,才是真的会了,你的进步空间是很大的。"或是幽默地调侃她:"这些错题非要和你杠上,你好好当个倒霉蛋就好了。"

老师也十分了解,kiki有特别强的修正能力,从来不强调分数或结果的负面影响,而是给她时间自己处理这些学习上的拦路虎。

有一次,老师看见备战中考的kiki在做数学题,一问才知道数学成绩还不太理想,自己用零花钱买来练习册给自己加作业。老师问:"正确率怎么样?"kiki笑了笑回答:"还是错很多,但错得越多,我就发现自己又会了一些……"当她轻松地谈论错题时,老师看到她十足的后劲,一个不怕出错的孩子,一定会在将来有更多成功的机会。

就像爱迪生在一万次电池储存实验失败后说的:"我没有失败,我只是找到了一万种行不通的办法。"如果可以,早一点遇到人生中大大小小的错误,反而能提高孩子遇到"正确"和"成功"的概率。如果我们把眼光放长远一点,当下的那些错字、错题只不过是前进路上的小石子,如果踢不走,就将它们垒起来成为我们向上攀登的台阶吧!

不是每一个成功都是有效的,都值得庆贺;也不是每一个失败都糟糕透顶,毫无所获。因此,我们要允许孩子出错,甚至要看着孩子犯错,让孩子有机会自省、反复改正和调整,自主承担学习的责任,从作业的"有效失败"中进步。

● 有错能改——学习将错误转化为经验

当孩子做一道题花了很多时间,但发现答案还是错误的时候,家长可能有以下几种反应:

不用督促的学习，从有效的陪写开始

A 家长说："你怎么这么笨，这么简单的题目都会错！"（批评和羞辱孩子）

B 家长说："这题目出得也太难了，算了咱们不做了。"（畏难、不信任孩子）

C 家长说："这道题这么做就可以了……"（直接告诉孩子答案）

以上的反应都是无效的，甚至剥夺了孩子从错误中学习的机会。

每当孩子犯错时，孩子内心本身就容易产生"自我否定"。A 家长不断翻旧账，甚至上纲上线地羞辱孩子，孩子就会产生应激反应——"我学不会""我改不了"。孩子不仅不愿意改正，对于错误置之不顾，还会因为害怕再出错，今后逃避尝试、拒绝挑战。

B 家长抱着"作业要写完美"的心态，认为写不好，就不如不写，或是不相信孩子有能力完成，对自己能辅导孩子完成也没有信心。孩子也萌发畏难情绪，面对困难就想放弃。

C 家长可能是心疼孩子付出了努力却没有完成，把答案直接给了孩子。一旦孩子知道自己不写父母最后会替自己写，以后再遇到难题，当然不愿意花时间去思考了。

一年级数学学习到图形的单元，题目要求把图 3-1 折成正方体后，写出 4 对面的是哪个数字。小杰的空间感知能力比较弱，沉思了很久还是写错了。

解题的关键点老师在课堂上肯定都讲过，看着错了又错的小杰，妈妈没有立即指责他上课不认真听，而是用纸剪出了同样的图形，并写上相应的数字，让孩子折出正方体后，帮助小杰用胶布固定好，小杰拿着折好的正方体玩了一会，兴奋地说："是 2！6 的对面是 5！3 的对面是 1！"

图 3-1　图形题

根据加德纳的人的七大智能理论可知，如果小杰空间智能比较弱，那么这一类题目，对于他来说光靠听讲是很难理解规律的，但是如果激活孩子较好的运动智能，错误很快就会得到纠正。

通过妈妈的帮助，小杰自己也知道了，以后遇到空间图形的问题，可以通过画一下、摆一摆的方式来帮助自己思考，这样解题就变得简单很多。数学最终没有成为小杰的绊脚石，反而激发了他学习的兴趣。

不用督促的学习，从有效的陪写开始

综合实践课的老师要求六年级的学生做一份社区垃圾分类情况的调查，小敏把学习任务告诉了妈妈。妈妈问她打算怎么完成，小敏不得其法地说："我们去垃圾站看看？"

妈妈没有急着做出评论，带着小敏下楼，让小敏尝试按自己的想法做。

"妈妈，这些垃圾都装在袋子里，我看不清楚啊？""这么多垃圾，我怎么统计得清楚呢？"小敏有了一堆疑问，感觉这个任务完不成。

妈妈陪小敏回到家，把老师布置的作业要求又仔细读了读。"了解垃圾分类的情况，一定要全部翻出来进行检查吗？""除了检查还可以通过哪些途径来了解？"妈妈一步步启发小敏，并且制订了新的行动计划。

后来，小敏选择了抽样检查和访谈邻居的方法，把实践情况写成了调查报告，这份精彩的综合实践作业还被评为了优秀作业。

从此以后，小敏明白了综合实践活动，要做行动计划，要根据实际情况采取合适的措施。越是有难度的作业，小敏的兴致越高，后来同学们都喜欢和她一组做大项目。

瞧，完成一份作业，也许很有难度，但是小敏妈妈不怕麻烦，不怕花时间，不采取直接告诉孩子答案的方式来完成作业，而是让孩子在实践中得出自己的结论，实践出真知，真正帮助孩子爱上了作业本身。

小博已经上了二年级，但一年级要求掌握的拼音还是没学会，一遇到看拼音写词语的题目，基本都得不到分，不认识的字不会用拼音代替，写话的题目也基本会空着。

妈妈每次辅导小博写语文作业都感到很崩溃，简单的生字拼读反复教，可是轮到他自己读还是拼半天拼不出来。一开始小博妈妈为了让孩子快点完成作业，直接把答案告诉孩子，孩子照着写上去就可以了。但是经过几次考试发现，孩子无法单独完成题目。

后来老师指导小博，把字词、拼音做成闪卡，同时准备了几个盒子：能正确拼读的生字放在盒子1中，拼读困难的卡片放在盒子2中，拼不出来的放在盒子3里，不断抽取盒子2或盒子3中的卡片练习认读，直到所有的卡片都被正确拼读放到盒子1中。

妈妈看到小博一天天进步，练习拼读越来越有耐心。而那些经常错的韵母，比如ie-ei，ui-iu，小博拼错了再拼，甚至学起了口诀"小 i 在前是姐姐 ie ie ie，小 e 在前是妹妹 ei ei ei"，类似这样区分容易混淆的拼音也都解决了。妈妈很感动，常常把这个过程分享给学习拼音有困难的孩子，她总是感慨，教孩子还是要讲方法啊。

由此看来，改正错误不仅关乎学习成果，对孩子的性格养成也影响深远。打破这个问题的关键，就在于看到孩子作业写错了，家长关注的是过去的错误还是未来的成长。拥有成长性思维的家长，能容忍孩子出错，及时带领孩子更多地关注于问题解决的方法，用"有效失败"去推动孩子成长，让孩子逐渐形成"错误不可怕，有错我能改"的力量感。

"我不能替你,但我能陪你"——陪写不是替代,家长要学会"懒"

妈妈越"懒惰",孩子越勤快的案例不胜枚举。在生活中,很多家长习惯了为孩子操心,孩子也习惯了被家长操控。在生活中自理能力弱的孩子,很少在学习上能做到不用督促。家长催得越多,孩子越被动。作业不登记,因为"妈妈会告诉我有哪些作业";作业拖拉、不到最后一刻不开始写,因为"反正一定会有人不断提醒我";一遇到稍难的题目就停下来,因为"妈妈还没有告诉我怎么做"。

作业的主体是孩子,但有的家长迫切准备着随时给孩子提供帮助,甚至最后还包办了孩子力所能及的事情,父母的"瞎勤快"不仅剥夺了孩子试错的机会,还让孩子认为反正无论做得怎么样,最后家长都会指点指点,既然做多错多,不如不做,或者只按父母的想法做。

事实上,如果父母不急,孩子自己就会着急。关于陪写作业,家长可以陪,但是不能一直陪,家长可以辅导,但不能一问就回答。如果没有收到孩子的求助,父母绝对不能妄自采取行动,不仅因为学习是孩子自己的课题,基本上只能

不用督促的学习，从有效的陪写开始

由孩子自己解决，而且即使是父母，也未必真正了解孩子的需求，过于主动提供帮助，有可能弄巧成拙。

● "懒"于解答

"勤快"的家长出发点是为了帮助孩子答疑解惑，或是促使孩子又快又好地完成作业，但他们没有意识到，写作业本是孩子的事，理应由孩子独立完成。这样一方面能培养孩子自律的学习习惯，另一方面有利于孩子独立思考学习难题。家长过多帮助，可能使孩子产生惰性。家长在这中间担任的角色应是适度的督促者、引导者而非全能的辅导者。当孩子写作业遇到困难时，切忌一步到位提供答案，不妨以类似例题引导孩子思考，帮助他解决学习难题。

"这道题确实有点难，妈妈举个例子……如果你这道题会了，完成作业上的题目应该没有问题，试试吧。"（举一反三）

"看到这个作文题目，你会想到哪一件事？如果想要把这件事写下来，你觉得怎么写更吸引人？"（第三者视角）

"如果想要搜集关于熊猫的资料，你可以通过哪些途径？哪些是可以自己完成的？哪些需要我的帮助？"（明确

责任）

"这里确实错了，试试从头开始检查，看看哪一步出了问题。"如果孩子还是没有检查出来，可以给一些小范围的提示，循循善诱。（不轻易"解救"）

小智的妈妈是个博士，在大学里任教，教生物工程专业。有一天，小智看了一则新闻学到了"转基因"这个词，饶有兴趣地问妈妈："爸爸妈妈生了我，我是你们的转基因产品吗？"妈妈一听，正好是个机会，于是她准备把转基因的概念、技术、利与弊等知识，毫无保留地全部教给小智。可是还没等妈妈讲完，小智就感到索然无味，立马叫停了妈妈的"专业培训"。

爸爸见状，带着孩子去观察转基因和非转基因食品包装上的成分表和食品的外观。小智发现同样是黄豆，转基因黄豆粒粒饱满，大小均匀，而老家带回来的非转基因黄豆，大小不一，颜色暗淡无光泽。

小智问爸爸："转基因黄豆看上去更吸引人，为什么人们更愿意选择非转基因的食品呢？"顺着小智提出的问题，爸爸和他一起上网查找资料。随着了解到的内容越来越多，小智对这方面知识的学习兴趣也越来越浓。

既然妈妈就是专家，为什么还要花这么多时间去找答案，为什么不让妈妈直接说答案？因为比起答案，保护孩子的求知欲更为重要，只有孩子参与其中，才能真正把枯燥的知识转化成自己的理解。

● **勤于鼓励**

"懒"并非对孩子不管不问，放任放纵，而是一种有智慧、有策略的放手教育的方法。当孩子写作业积极性下降时要鼓励：我看到你已经完成了……这些方面（书写、思考的角度、正确率）有了很大的进步，相信你一定能又快又好地做完作业。

当孩子遇到难题时要鼓励：这类题目确实有些难度，妈妈也不能马上想到答案，还记得上次做这类题目的时候，你是怎么成功的吗？要不我们按照这样的方法来试试……

当孩子有错题不想改时要鼓励：我看到这么多题都答对了，真了不起，这一点点错题订正过来，这份作业就完美了，你觉得自己几分钟能完成？

当孩子不想背诵时要鼓励：这么长的段落，一下子都背出来不容易，你竟然已经背了一半。如果我们分段背，相信

不用督促的学习：作业辅导篇

对你来说是没有问题的。

有的孩子一开始投入学习，就给自己设限，认为自己不行，可能会说："这篇作文我只能写这些内容了。"或者说："我只会答这道简单的题。"孩子之所以会选择逃避学习中的难题，根本上是因为对自己没有信心，不喜欢自己。如果父母能够帮助孩子建立自我价值认同感，即便父母不做什么，孩子也会愉快地接纳自我，认真地投入学习中。

小儒的妈妈是博士，习惯了高效率地学习和工作，常常对8岁的小儒大为不满，在她看来，小儒学习的过程就是拖延、磨蹭的代名词。小儒刚开始写作文的时候，妈妈就把写作文的要求跟他强调了：选择什么内容读者感兴趣、什么题目吸睛、怎样开头引人入胜、什么内容前后呼应又扣人心弦。

这天，妈妈带小儒参加了中国科学院科学节，回来正好写周记。小儒觉得自己印象深刻的事有好几个，要选哪个写还真让人犯难。最后他决定写磁铁。

要写开头了，小儒按照妈妈的要求，特别想写一个吸睛的开头，不想用四平八稳的时间、地点、事件的传统方式来写。可是这不容易做到啊，他思来想去想不出，就这么想着大半小时过去了。妈妈实在忍不下去了，直接给他抛了个题目"磁力线现形记",小儒觉得很不错,马上写了个开头。

接下来该写方法说明了,妈妈给他梳理了一遍,觉得自己说得清晰明白。可是小儒觉得太复杂了,毕竟二年级的孩子,要用那么多字表达,很难啊。于是开始磨蹭上了,从晚上8点坐在那儿就没动笔,到了10点还是只有题目和开头。妈妈觉得气不打一处来,觉得小儒这个磨蹭劲是改不了了。

周末,妈妈参加完家长课堂的学习,决定在写日记这件事上让孩子有更多的自主权。

有一次,小儒因为突然腿疼被提前接回家,时间充足,决定补上周漏写的日记。妈妈想着反正时间充裕,不再催促,由他自己发挥。果然,他自己想出了"呀,虫子"这个题目。接下来妈妈只是在开头给了适当引导,后面口述的内容出乎意料,结尾让人眼前一亮,前后文衔接也不错。他自己也很满意,妈妈对日记进行了肯定与鼓励:"题目有意思,让人一看就想知道是什么虫子,结尾让人眼前一亮,而且开始分自然段了。"

这样奠定了一个愉快的基调,再加上时间充裕,妈妈心态放松,没有不断催促。而且,抓虫子是小儒自己动手的,虫子结蛹、变蝴蝶也是他亲眼所见。这些因素叠加在一起,小儒落笔洋洋洒洒,中间只问了几个不会的字。写完意犹未尽,拿出亲手做的蝴蝶标本,认认真真画了一只漂亮的蝴蝶。

孩子需要鼓励就像植物需要水,鼓励应该贯穿于学习的整个过程。开始学习前,通过调动孩子已有的成功体验,帮助孩子克服畏难情绪,让孩子带着"我能行"的信念尽快投入学习。

家长在孩子学习的过程中要不断关注孩子完成得好的部分,不管是写作业的态度、作业的回答情况,还是思维的过程和角度,用放大镜去发现孩子身上的优点,表达出旁观者的欣赏和肯定,鼓励孩子先完成,再完美。

比"关注成就"更重要的是"鼓励进步"。孩子如果能感受到家长真诚的鼓励,往往能激发自己更大的学习动力和坚韧性,不断克服学习上的障碍。

对孩子来说,成长比成功更重要。当家长看到孩子努力的过程和结果,别忘了通过口头鼓励以及肯定的眼神、微笑、拥抱、拍拍肩膀等肢体语言或是书面留言评价强化孩子的自我认同感,不断的鼓励能催生孩子今后勤奋学习、勇往直前的精神动力。

3 "我又吼孩子了"——家长学会心平气和，孩子才能专注学习

我们常说"身教重于言教"。父母的情绪管理能力，深深地影响着孩子的性格和行为模式。一个情绪稳定的孩子，往往来自和谐有爱的家庭。相反，有的孩子总是毛毛躁躁，注意力分散，做事战战兢兢，害怕被指责，也许和成长的环境中充斥着责备有关。孩子越是在意父母的反应，生怕惹父母生气，越是诚惶诚恐，难以静下心来学习。

父母有责任给孩子做出管理情绪的榜样。当我们看见孩子那些低分的试卷，那些错漏百出的作业，或是乱七八糟的房间时，常常愤怒地对孩子大声嚷嚷。家长潜意识中认为，自己的暴怒能够震慑住孩子，让孩子乖乖听话，但往往事与愿违，孩子不仅不听，还有可能变本加厉，或者是当时听了，但过后坚决不改，时间长了还会破坏亲子关系。

我们发现，越急于纠正孩子的不良行为，越容易使其更严重。孩子每一个行为背后都隐藏着他的目的，满足着自己的内在需求。只是大人潜意识中觉得，这些不良习惯背后隐藏的是严重的问题和危险。因此面对孩子表现出来的偏差行

为,家长就想尽办法"降低、减弱、消除",投入越多的家长越容易情绪失控,因为想得多,想得远,反而无法心平气和地面对孩子当下的状况,冷静地寻求解决问题的方案。

当孩子发现自己的行为能让家长体会到严重的困扰时,有的孩子便把它当作对抗家长的强大武器。如果我们保持平常心,孩子很快就因为无趣或达不成目的而退出战争。

阿尔弗雷德·阿德勒指出——只有感觉好才能做得好,学习上的问题,本来就该由孩子去面对和承担,"皇帝不急,太监急"的局面往往是家长想要通过情绪的爆发,自上而下压制孩子的结果,当家长把事情揽在自己的身上后,反而削减了孩子原有的学习体验,孩子慢慢就不会承担学习的责任,一心只想如何让父母不再生气,而不是想如何把事情做得更好。

当被孩子气得炸毛的时候,家长应及时控制自己的情绪,放下焦虑,不用语言或者行为去伤害孩子,迅速从高压的情绪中抽离出来,才能真正帮助孩子。在孩子难过的时候,他需要的不是一顿痛骂或是喋喋不休的说教,而是一个拥抱,或是一句安慰,孩子自己就能重新恢复学习的力量。

慧慧和闺蜜吐槽孩子,孩子充耳不闻的态度总是让她抓狂不已,明明已经反复提醒,孩子就像没听见似的,本

不用督促的学习，从有效的陪写开始

来可以好好说的话，都成了怒吼、呵斥、抱怨……可是即便如此，孩子拖拉磨蹭的现象也没有好转。

闺蜜问她："同样的提醒，当你说第一次的时候，你就感觉怒火中烧了？"

慧慧愣住了，她根本不知道自己反复在孩子耳边说了多少回，怎么说的，只知道那种烦躁的感觉自己也受不了。"烦躁的感觉，具体会有哪些表现？"闺蜜继续追问。

"就是心里堵得慌，想要扔东西、跺脚或者大叫一声……"

"记住当你下次出现这样的具体感受时，告诉自己，我已经开始暴躁了。"

在闺蜜的指引下，慧慧学会识别自己的暴躁情绪，还认真接纳了闺蜜给她的一个建议：识别自己的暴躁情绪后，让这种感受像子弹一样"飞"一会儿，要么转移自己对孩子的注意力，去做别的事，要么利用小小的空隙时间想想怎么表达才能对孩子起作用，还可以用脚指头用力地抓地，让自己不动声色地迅速冷静下来（家长再使劲抓地，孩子也很难从平静的表情下观察到家长情绪的波澜），相信沉默的力量，反常的表现反而引起了孩子的注意。实在控制不住开始用念叨的方式发泄自己的暴躁情绪，请家庭成员用一个暗号提醒自己，不要让事情愈演愈烈。慧慧

99

按部就班地做了，虽然孩子的进步比较缓慢，但是感觉原来孩子对自己的话充耳不闻的情况有了大大的改善，话不在多，点到即止。

另外，很多时候，我们对孩子的操心、担心都是不必要的，这并不能阻止事情发生，往往只有在事情发生以后，我们才能想办法处理。所以，家长放松一些吧，对自己的孩子要有信心。

4 "你写作业的时间到了"——孩子的自律来自家长的平和与坚定

惰性是每个人与生俱来的。有的人任由惰性支配自己，有的人则强迫自己去对抗惰性。如果头脑中的勤奋小人比懒惰小人总能更胜一筹，孩子就会变得更自律，在自律的带动下，会变得更加优秀。但事实上孩子常常管不住自己，"我想和朋友再玩儿一会儿""我看完这一集就关上电视""我一会儿就去写作业"，总会有各种愿望和借口。面对孩子的试探，家长如果能够用坚定的态度表明自己的底线，那么对孩子自律的形成大有裨益。

坚定是一种坚持、不妥协的处世态度和教育方式，隐含着对规则的尊重。坚定并非强硬地把自己的意愿强加给孩子，命令他们怎么做，而是让孩子自己决定应该做的事情，然后和孩子一起遵守规则、契约或共识。"你打算玩多久？""如果你想要先看会儿电视再写作业，你觉得看多久合适？"如果孩子提出的要求实际情况无法满足，可以再和孩子商量，如果写作业前要玩儿，可以先选择的时间是15分钟还是半小时。让孩子在有限的选择中得到满足。如果孩子提出的是合理的要求,事前说好的时间一到,就坚定地告诉孩子:"你写作业的时间到了。"如果孩子还在用撒娇,甚至耍赖的方式说:"再给我5分钟,我保证去做作业。"他显然是在用拖延的方式拒绝兑现承诺,那么家长可以坚定地中止当前的娱乐,将孩子带到学习的场所。

坚定是不妥协,对应该做的事情、应该承担的责任和义务、共同确定的规则和契约不能放弃或者妥协;坚定是说话算数、信守承诺、遵守规则、承担责任。家长通过自己的"坚定",帮助孩子慢慢从"他律"走向"自律"。坚定不仅是对孩子的态度,也是家长对自身职责应有的态度。有的家长过于负责,"勤快"地为孩子提供贴身的服务,反而导致孩子不自律,丧失自我管理的能力。因此,家长想要唤起孩子在学习上的责任心,要通过坚定的态度,让孩子明确自己的权利和义务。

墨墨喜欢拿没有上小学的弟弟做比较:"为什么弟弟可以一直玩,不用写作业?""妈妈特别能理解,你羡慕弟弟现在没有学习任务,自己不舍得停止娱乐去做作业。你和弟弟年龄不同,面对的学习任务也不同,无法比较。你可以写完再玩儿,这是你做的计划。如果你想在这个时候多玩儿一会儿,下次可以调整自己的时间安排,但现在

不用督促的学习，从有效的陪写开始

没有办法修改。"听到妈妈的话，墨墨找不到反驳的理由，心甘情愿地去做作业了。如果妈妈没有忘记在坚定执行的同时，给予孩子鼓励和支持："谢谢你的配合，你是一个很有责任感的孩子，对待作业你一定会一如既往地认真。如果你觉得孤单，我愿意在旁边陪着你写。"那么，孩子会在坚定中获得遵守规则的鼓励。

正面管教中，我们坚持平和与坚定是并行的。光有平和但不坚定，是溺爱和骄纵，只是坚定却不平和，不仅得不到孩子的配合，还会制造很多的矛盾和冲突。平和应该是"不惩罚不骄纵"，从教育动机、教育过程到教育手段都要秉持着平和的原则，直接的表现方式就是语气腔调的平和，做到不起高声，没有怪调；没有指责，没有怪罪；没有侮辱，没有敌意。

当你愤怒地对孩子吼叫："不行，快去写作业！""写作业的时间到了，你怎么还在玩！""你又说话不算话了是吧！就不该相信你！"……孩子要么心不甘情不愿地带着情绪去学习，要么用高音量继续和家长对抗，甚至耍赖哭鼻子。"有理不在声高"，家长果断地表达："很抱歉，到时间写作业了。"仅仅一句就足够表达家长的立场，无须多言，孩子看到家长坚定的态度，很快就会放弃讨价还价，选择遵从规则。

此外，家长要坦率地向孩子表达自己的真实感受，比如说:"今天一晚上都没有看到你学习，我非常担心。"听到家长的感受，孩子也能有意地关注自己的行为，并做出调整和改变。在发生问题的时候，被训斥越多，孩子受到的刺激就越大。家长简洁明了地传达重要的信息，教给孩子分辨事情的合理性和正当性就足够了，说得太多反而会消耗家长和孩子双方的精力。

既然已成为家长，不管你原来是怎样的性格，都应该学会用家长的语气说话，都应该为了自己的孩子不断做出改变。如果你足够爱自己的孩子，就完全能做到。

5 "你打算先做哪项作业？"——给孩子选择权，他才能学会负责

"这个活动你要不要参加？"

"随便！"

"你是报这个班还是那个班呢？"

"随便！"

我们看到有的孩子表面上很随和地听从他人的安排，实际上是没有主见的表现。甚至成人后，面对大学专业或工作岗位也不知道怎么做选择，或者说，是不相信自己有正确选择的能力。在平等、民主的家庭氛围中，父母会刻意在生活中，让孩子练习做决定。小到自己的学习项目，大到家庭的决策，父母尊重孩子，让孩子学会做选择、敢于做决定、勇于承担责任，不仅可以培养孩子的思维能力，还可以增强孩子承担选择后果的责任意识。多给孩子一些自主的空间，让他们自己做选择，而且为自己的选择承担后果，孩子才能真正长大。

孩子是学习的主体，面对这么多学科作业，需要有统筹规划的意识。孩子可以根据当前的时间、已有的学习材料，

还有对作业的兴趣等进行时间规划。家长可以在孩子准备写作业的时候,通过启发性的提问方式,问孩子:"你打算先做哪一项作业?"让孩子首先明白今天的作业类型和内容,如果孩子说:"先写数学吧!"家长还可以继续问:"那你觉得你需要多长时间来完成?"孩子的回答能大大提高孩子做作业时的时间管理能力和专注力。

有一种常见的情况,孩子喜欢先做容易的作业,把难度大的放在后面,有时候被其他事情影响了,难度大的作业根本没有足够的时间完成,这时家长不必讽刺孩子:"我就说你这样安排不合理吧。"而是对孩子说:"以后怎么调整作业的顺序,才能更好地完成全部的作业呢?"让孩子看到选择的结果,并从中获得新的体验。

小李上了初中,每天的作业由三门主科变为六门主科,作业量大增,每天都做到很晚。一天小李疲惫地回到家里,怒气冲冲地说:"这么多作业,我怎么做得完啊!我明天不想上学了!""感觉作业完成起来有困难,所以你看起来很沮丧。你并不是不想上学,而是不想面对完不成作业的后果,是吗?"妈妈一语道破了孩子的心理状态,小李一言不发。"由此看得出来你很重视学习,你希望自己能按要求完成每天的作业。现在学业压力大了很多,你

不用督促的学习，从有效的陪写开始

能发泄出来未必不是一件好事。你愿意和妈妈聊聊你最近的心情和感受吗？"小李一股脑地把上课跟不上，写不完的作业让他没有了打篮球的时间等不愉快的事情向妈妈倾诉了一通。妈妈没有评判作业是否合理，也没有试图说服孩子别浪费时间，抓紧去写作业，而是静静地听着。小李吐完苦水，直接拎起书包回到书房。妈妈没有强迫小李，继续写作业是他自己做的决定，妈妈唯一做的是给他思考的时间，再做决定。

寒暑假的作业完成情况，最能检验一个孩子的学习规划能力。朱朱兴奋地参加完散学典礼回家，把书包一扔就开始享受假期的快乐。假期中，爸爸妈妈多次提醒过朱朱，记得写假期作业，当场满口答应的朱朱过一会儿就把作业的事抛到了九霄云外。眼看假期快结束了，班主任老师已经发送了开学的相关通知，当然包括上交作业的提醒。爸爸妈妈把老师的信息拿给朱朱看——没有按时完成全部作业的同学，将暂缓发放新书。大家都有新书上新课，自己没有，该多没面子啊，越想越难过的朱朱连续两天赶作业，争分夺秒地写，终于在开学前把作业补完了。这完成作业的速度是他们一家无法想象的，妈妈幽默地说："看来你有创造奇迹的能力啊，下个假期放到最后再做也可以，爸爸妈妈也不用老催你了……"朱朱摆手摇头，连忙说:"我可再不敢这么做了,要出人命啊……"爸爸妈妈一听都笑了。孩子在做任何决定或选择时,经过体验和尝试,才能真正知道什么是正确的,为人做事的责任和担当自然就向内生长了。

6 "闹钟响了就可以休息一会儿"
——科学陪写,让孩子学会极致专注

常常有人觉得,只要孩子付出了努力和时间,就应该收获好的学习成果。然而,并不是所有勤奋的孩子都能取得优异的成绩。有的孩子在学习上投入了很多时间,很认真,但收效甚微,这其实是掉进了"低效勤奋"的陷阱。当父母对孩子提出:写作业要一鼓作气,全部作业写完才能走出房间,其本意是希望孩子养成专注学习的习惯,但孩子在书桌前长时间写作业,很大一部分时间只是在表演勤奋,消耗的时间多,但产生的效果不明显。

《马拉松训练宝典》的作者提出了一个观点:休息也是训练的一部分。因为肌肉是在训练中得到刺激,在休息时得到恢复和强化的,所以训练计划必须合理地安全间隔,不能一直训练。大脑的机制和肌肉的机制相似。就像一次性跑到精疲力竭并不能提升耐力一样,一次性背诵到熟练也很难促进记忆。

如果孩子要完成长篇的背诵作业,一次性花长时间来背熟，往往容易记住后面就忘记前面，但如果将大任务分解成几段来背诵，背完一段休息一会儿，背下一段之前再对前面的内容进行复习，可以得到事半功倍的效果。

如果同时有很多科目的作业，可以按照学科类型、学习方法的不同穿插来完成，比如做完语文的书写作业再写数学的应用题，然后再完成英语的读背作业……如此类推，切换不同的大脑工作模式，可以让大脑得到相应的放松，不至于产生学习疲劳。

心理学家丹尼尔·戈尔曼说，我们可以把专注力视作意识的肌肉，可以通过锻炼得以强化。肌肉在高强度使用过后需要放松，专注一段时间后也需要休息，这和学校每节课设置为40分钟的原理一样，孩子很难坚持更长的时间，所以最好专注做作业15分钟，然后休息3~5分钟。

很多孩子使用"番茄作业法"，一个番茄时间设为25分钟，在完成作业前，把作业拆分成若干小份，确保每一份作业能在一个番茄时间内完成。当开始计时时，孩子需要专心完成，不做其他事情，当铃声一响就可以休息一下，活动一下身体，做做拉伸，或是喝口水。但建议休息期间不做会沉浸投入的事情，比如看电视、玩手机等。

"妈妈，铃声响了，但是我这个作业还没有写完呢！"

小敏沮丧地说。妈妈闻声走来,微笑着说:"孩子,这没关系的。这个番茄时间没做完可以放到下一个番茄时间啊,我们只要关注'番茄时间'能否做到专注不分心,不受干扰,而不需要专注于是否完成了任务……"听了妈妈的解释,小敏一脸轻松地说:"虽然我并没有关注时间,刚才我真的觉得时间过得很快。所以,我刚才是进入到您说的那种'心流'状态了吗?""那一定是了!走,一起吃根雪糕庆祝一下!"妈妈为小敏的高度专注学习状态感到欣慰,"番茄作业法"似乎试验成功了。

把注意力放在过程而非结果上,让自己更放松地沉浸到工作进程中,避免对自己做出评价:我快完成任务了吗?我做的都对吗?当孩子在短时间内成功地专注学习了一段时间,可适当给他一个小小的奖励,这既是一种放松,也是一种鼓励。

第 4 章

七大方法，让孩子的自主学习成为现实

七大方法，让孩子的自主学习成为现实

1 合作——用赢得合作的方法，让孩子愿意写作业

双方能谈合作，首先是有共同的目标，并且结果会让双方都能获益。这样的商业模式相信大家都能理解，但是放到家庭养育中，特别是作业辅导上，也许就有很多家长冒出这样的疑问：作业是孩子自己的事，我还得求着他写不成？我都满足了他这样那样的条件了，为了让他写作业，还要我怎么退让？要解除这些疑惑，首先得从合作的角色谈起。

企业为了盈利选择与他人合作，建立的是双向选择的平等关系。在写作业这件事上，主体是孩子自身没有错，但如果孩子是自主完成的，甚至是高效完成的，这种背后舒坦和轻松的感受是多少家长梦寐以求的，毕竟千金难买"我愿意"。

学习本身是一件快乐的事，包括写作业，曾经有一位孩子告诉我，他特别喜欢考试和写作业，因为只有在那时候，才会觉得自己特别厉害。作业是检测和反馈学习情况的工具，对知识掌握得不错的孩子自然盼望通过作业的结果来证明自己，以此获得价值感；相反，如果孩子学得不太好，完成作

业的过程又处处碰壁，便会不断产生"我不如别人"的错误认知，这些消极的体验才是孩子不愿意写作业的主要原因。基于这样的认识，家长是不是就能从畏难、受挫的角度接纳孩子抵触写作业的表现呢？

语言是一门艺术，即便孩子有各种"不愿意"的理由，但会沟通的父母照样可以一路闯关打"怪兽"，让孩子学会"愿意"。所以，父母先要进行观察和自省：自己的态度和语言为什么没能打动孩子？孩子还有哪些心理需求没有得到满足？如果这个问题已经困扰家庭成员很久，并且已影响到亲子关系，我们更需要不断深入地追问，才能找到解决问题的原因。

● 站在孩子的角度想

四年级的睿睿放学回家，放下书包就长叹一声。妈妈闻声走上前就给了他一个大大的拥抱："宝贝放学啦，辛苦了。"睿睿在妈妈的拥抱中大大地呼了一口气，睿睿嘴角有了一丝笑意，他开始向妈妈倾诉着今天在学校里发生的有趣好玩的事，也有朋友间的打打闹闹，妈妈就在一旁安静地听着，不时点头应和。几分钟过去后，学校的话题聊

七大方法，让孩子的自主学习成为现实

差不多了，妈妈自然地说道："看来今天在学校过得很丰富多彩啊，那么现在你打算做什么？"睿睿和妈妈对视了一眼："先做作业呗！"孩子显然已经养成了习惯，随即坐到书桌旁开始翻书包。妈妈给睿睿递来一杯水，叮嘱他说："如果觉得累了，可以先休息休息再做。"

睿睿妈妈显然是相当会疏导孩子情绪的。想想看，作为成年人，辛苦工作了一天，如果刚回到家就有一个像上司一样的人物，告诉你立即马上继续工作，我猜这时候你大概率会像炸弹一样"嘭"地炸了，积压一天的情绪都将倾泻而出。明明知道这活是自己的，也知道今天晚上必须干完，但就是不想动，只想躺平、拖延，孩子何尝不是呢？他们甚至比我们更不容易，白天一门接一门地学习功课，每天晚上还有作业要写，能在学校完成算好的。上了三年级天天回家有作业，这不等同于天天加班嘛，别只说成年人的世界不容易了，孩子又哪里轻松呢？所以每一位家长，都要经常换位思考，不仅能把自己当作孩子来感受他们的情绪，处理孩子的问题时，还要有成人的思维，懂得沉着智慧地应对。

● 用商量的语气说

"宝贝,你是想先休息一会儿还是先写作业?"

如果孩子说想休息一会儿再写,你可以接着问:"打算休息多久?是吃点东西还是玩一会儿玩具?"

如果孩子说:"我可以看会儿电视吗?就半小时,时间一到我就关了去做作业。"

当半小时的闹钟响的时候,你可以一边关闹钟一边问孩子:"半小时到了,今天有哪些作业?你打算先写什么?"

通常,孩子会马上关了电视,跟你说说作业计划,然后开始写作业。他被尊重了,也会尊重规则。孩子和父母商量着做决定,是基于亲子之间亲密的信任感和安全感。父母尊重孩子,孩子也同样在意家长的感受,内心的道德标准会驱使他做该做的事。

写作业的顺序每个家庭的情况不同,规定也不同,即便有了日常的惯例,也不是一成不变的,有时候孩子还有别的想法和需求:和小伙伴再玩一会儿,看一会儿电视,玩一会儿游戏,吃点零食……通常在孩子的愿望很强烈的时候,适当地满足孩子,更有利于孩子尽快安定下来写作业。

从"安定"一词来看,先"安"后方能"定",心安是一种内心的安适和坦然,孩子要是心里有"意难平",就会反复嘀咕,犹如蚂蚁上身,正如有的家长常常苦恼的:"怎么孩子写作业总是动来动去的?"若是大家都能互相体谅,商量着来,即便有时候孩子的需求不能即刻得到满足,但是心头上的这些执念一旦放下来,孩子也就会坦然面对写作业这件事了。

● **温和而坚定地做**

当前影响孩子学习的因素有很多,电子产品常常被家长认为是影响孩子学习的罪魁祸首。一看到孩子放不下电视、手机、电脑,不愿意写作业,家长就焦虑不安,特别是面对青春期的孩子,家长更是无可奈何。许多热心的专家纷纷写文章给父母支招,例如设置开机密码、检查浏览历史记录、装载防护软件,等等。这些方法家长们不妨试试,但我想提醒父母们,孩子是具有独立意识的个体,无论什么高招、绝技,没有孩子的合作,都会失去效果。

电子游戏软件千变万化,满足着孩子们求新猎奇的心理,网上聊天满足着孩子们喜欢倾诉的欲望。如果适度使用,有助于青少年缓解内心的紧张情绪,释放压力,有助于孩子的心理健康。但凡事适则有益，过则为害，失去控制的好奇心和沟通欲望就会引发上瘾和依赖。而且，仅靠孩子的自控力并不可行，毕竟孩子就是孩子，需要父母对规则坚定执行。当然，在父母采取必要的措施前，要先和孩子做一次平等的、真诚的交流，让孩子认识到沉迷网络的危险性，并且共同探讨执行方案，这样孩子才会对父母的防范措施采取合作态度。

如果孩子正痴迷于网络不愿意写作业，甚至不愿意上学，此时孩子犹如一匹狂奔的野马，家长想要将他拉回来，迎头拦截显然是不妥当的。最好的办法是顺着它跑一段（满足孩子合理的上网愿望），然后使他慢慢跟着你减缓速度（逐渐减少上网的时间），最后因势利导，让他乖乖跟着回头（保质保量完成作业）。通过家庭会议来制定合作方案，常常能帮助我们坚定地执行下去，因为在家庭会议中达成的解决方式是全家共创的，包括孩子自己。在执行的过程中，孩子感受到的是全家有效的支持，而不是来自大人的压力。

晚上10点多钟了，妈妈提醒熙熙关灯睡觉，熙熙提出要把游戏的这一关打完再睡。妈妈说："不行！今天很晚了！又不是周末，明天还要上学，不能玩！"女儿很不能接受："哼，我必须打完才能退出，不然会扣金币的！"似乎母女的这场"战争"已经箭在弦上了。但此时妈妈做出

七大方法，让孩子的自主学习成为现实

了令人意外的举动，妈妈跟熙熙说："好，今天我们把这一局玩完，但因为已经10点多钟了，很晚了，你明天还要上学，只能再玩5分钟。我负责计时，如果5分钟内不能结束，你也不能再玩了，必须上交手机。这样的机会只有一次，明天你可以选择在时间截止前提前结束游戏，否则就得接受中途退出扣分的后果。"熙熙听着，没表态。熙熙意识到时间有限，既不想中途退出失分，也不能和妈妈讨价还价，所以她想办法玩得很快，时间还没到，她就迫不及待地问妈妈："时间到了吗？""没有，看来你已经能估算好玩一局的大概时间了，相信你明天不会再超时了。"这个晚上，女儿带着愉悦的心情入睡了！

第二天晚上，熙熙听到睡觉的铃声响起，试探地问："妈妈，我可以玩完这一局吗？我想玩。"妈妈的第一反应当然是不行，可是妈妈没说出口，停顿了一下，妈妈问熙熙："哦，你觉得呢？"女儿说："嗯……不行，因为时间到了。"妈妈摸了摸熙熙的头说："哦，这样啊。"女儿没有再多说什么，开始做"睡前的准备"。妈妈温柔地给了她晚安吻，向她传达自己对她浓浓的爱。

有时候家长要注意，要赢得孩子的合作，需要用技巧鼓励孩子主动与自己合作，而不是要求孩子合作，也不是命令孩子合作，而是尊重他们选择的权利，满足他们的合理需求和愿望，这样，孩子也会乐意遵守父母的合理规定。当然，不要期待这样的改变能一蹴而就，最为重要的是家长永远不要失去与孩子合作的坚定决心。

2 约定——用约定的方式,让孩子克服惰性,承担责任

儒家代表人物之一荀子曾提出:"人之初,性本恶",认为"生之所以然者谓之性",有些恶念是与生俱来的自然本能,比如享受安逸,不想奋斗的惰性是人的天性,普遍存在。那些出类拔萃的人纵然有1000次选择想放弃,总有1001次选择了咬牙坚持,这才铸就了优秀者身上难能可贵的品质。可见,惰性是可以克服的,克服惰性的过程既是对意志品质的锤炼,也唤醒了孩子的主体意识。当孩子想偷懒,学习懈怠时,家长应该怎样为孩子注入一剂强心剂,让孩子迎难而上、坚持到底呢?不妨试试让孩子在一次次的约定中,逐渐形成对自我的约束,提高自己的责任意识,争着当学习的主人,主动跑在时间的前面,把"要我做",变成"我要做"。你一定很好奇,怎样的约定方式才能起到真正的效果,其实把握约定中的三个原则,定时、定量、定效,才能很好地克服思想和行动上的惰性。

不用督促的学习：作业辅导篇

● 克服思想的惰性

杭杭家是本地居民，家里有一栋自建房，每月收入的高额房租就足够家庭开销了，所以杭杭的父母没有出去工作，平日里和朋友打麻将、喝茶聊天打发时间。有些亲戚来还会对杭杭说："以后这些房子都是你的，不用去工作，也有花不完的钱。"耳濡目染下，杭杭也觉得长大后即使找不到好工作，生活也能照样过得富裕舒适。杭杭学习的目标和动力随之渐渐削弱，上学经常迟到，作业马虎完成，成绩自然是令人担忧。老师去家访时，和杭杭的父母进行了深入的沟通，家长也明白家庭对杭杭产生的影响，在家庭消费上做了很大的调整，从以前随心所欲地给孩子买名牌衣服和高级玩具，到培养孩子通过努力挣零花钱自己消费。杭杭知道付出才会有收获，美好的生活要靠自己创造，学习上进步了许多。

心理学实验反复表明，一个有自制力的人是最容易取得成功的人，因为他们知道什么该做什么不该做，他们知道为了未来的美好现在必须节制和努力。而惰性是什么呢？惰性是一种负力量,阻止你去经历那种成长的痛苦,同时也阻挡你成长的快乐。要克服孩子思想上的惰性,首先要传承和发扬努力不懈、奋斗不息的家风。早在两千多年前,孟子就说过:"富岁,弟子多赖(懒);凶岁,弟子多暴。非天之降才尔殊也,其所以陷溺其心者然也。"意思就是说社会经济好的年代,青少年容易产生懒惰习性,不思进取,无所作为。其实不管家境如何富裕,家长也得为孩子树立节制和努力的榜样,让孩子从小有追求的目标,在生活细节中慢慢学会控制自己的欲望,玩什么、怎么玩、玩多久都需要提前思考和权衡,而不是为所欲为。

家庭教育失当是产生惰性的又一个重要原因。主要是家长过于溺爱孩子,习惯了包揽代替,使孩子缺乏自主能力和良好习惯,家长"对孩子操不完的心",使孩子养成了懒惰的习惯。一个行为懒惰的人,在生活中缺少锻炼的机会,自理能力偏弱,自己都不知道自己有多大的能量,可以变得多么优秀。

思思从小爱表演,妈妈刻意让她向艺术方面发展。为了给她提供锻炼和展示的机会,妈妈为她接了很多的广告、电视剧等商业演出。思思的课余时间被排得满满的,妈妈可谓包揽了她生活中的一切事务,导致她的自理能力极差，离开了妈妈，思思甚至连鸡蛋壳儿都不会剥。妈妈认为自己把孩子照顾得很好，就是对孩子的爱。殊不知，等到思思渐渐长大，样貌不如小时候可爱时，商演的机会会越来越少，但思思还是凡事都依赖妈妈，养成了衣来伸手、饭来张口的习惯，学习上更是因为懒于动脑、记忆、运算而十分被动，学习状态一直很低迷。

当下教育的目标是"德智体美劳"全面发展，任何一方面的成长和进步都会牵一发而动全身，所以想要孩子勤奋上进，从勤于劳动、勤于锻炼、勤于学艺开始，都要让孩子获得坚持到最后的情感体验，增强自我效能，逐渐养成"我能行"的自我认知。

另外，家长也有需要学习和终身成长的课题，如果说家长的行为示范就是孩子最直观的学习教材，那么家长和孩子一起学习，把家庭读书日、亲子练字日等作为约定好的家庭时光，孩子不仅不会拖延、偷懒，反而将更期待参与学习。

● **克服行动的惰性**

要消灭孩子学习上的惰性，不能做思想上的巨人、行动

七大方法，让孩子的自主学习成为现实

上的矮子。如果脱离了实践，一切都是空谈。克服孩子学习行动上的惰性其中一个重要的方法就是外在的压力——你不得不做。一些大学生在期末考试之前都很勤奋，因为不管自己愿意不愿意，都必须通过期末考试，否则会挂科补考，甚至被留级。所有的职员在老板面前都会努力工作，因为知道不努力工作饭碗可能会丢掉。如果在外因的控制下，这两件事情的后果是个人无法承担的，相信每个人都会克制自己的惰性，竭尽全力去完成。那么对于孩子来说，特别是在青少年时期，驱使孩子克服惰性主要靠家长和老师。

一旦约定玩的时间到了，或是玩的资源用尽了，孩子起初会试探性地询问可否"再玩一会""再买一些"，这时请家长们记住，孩子的欲望是无穷无尽的，孩子在不断揣摩和试探家长的态度和底线。家长有责任正确地告诉孩子，我们需要坚定地执行约定好的内容，没有讨价还价的余地。

"妈妈，就让我看完这一集动画片嘛，就一集……"面对孩子的哀求，聪聪妈妈差点就心软了，一集动画片几分钟，影响不大，但一旦降低了约定的效度，孩子以后还会敬畏约定吗？聪聪妈妈心头一紧，温和而坚定地说："对不起宝贝，我知道这动画片很精彩，你舍不得关电视，但是咱们约定的是每天看30分钟，1分钟都不能超，你是选择自己关,还是我来关?"孩子知道自己不占理,只能不情愿地关了。另一天,聪聪听到铃声响了,看妈妈在忙没注意,就偷偷把铃声关了,等妈妈发现的时候,显然已严重超时。尽管此时妈妈非常生气,但还是忍住了,没有责骂,先用严肃的眼神让孩子意识到后果的严重性,然后走上前伸出手,示意孩子迅速地关上电视,把遥控器放到妈妈的手上,聪聪见状只好服从。接着妈妈平和地说:"很抱歉,明天的额度你今天已经透支了,所以明天不能看,假如下一次还有超时的情况,你觉得应该怎么惩罚呢?"聪聪回答:"一星期不得看动画片……"然后,沮丧和后悔地走开了。

如果家长能以尊重的态度让孩子参与约定的制定,孩子通常会遵守他们的约定。凡是能有效执行的约定,都是尊重双方意见的方案,口头约定后还得一字一句写下来以便执行。如果约定没有被执行,家长也要避免判断和批评。孩子就是孩子,即使他们真的想遵守约定,但是他们不能像大人一样把遵守约定看得很重要,这时我们可以尊重地问孩子:"我们的约定是什么呢?"如果这些步骤没能让孩子履行约定,就重新开始,这个过程意味着所有人都有从错误中学习的机会。

在孩子成长的过程中,约定的主要内容离不开玩耍和游

七大方法，让孩子的自主学习成为现实

戏，学和玩两者之间密切相关。缺少约定的束缚，孩子的玩心就会不断膨胀，逐渐占据完成作业的时间，分散学习的专注力。所以要让孩子能保质保量地完成作业，一定要保证有足够的时间，通过家长施加的压力，可摒除干扰孩子学习的因素，但这不是解决问题的最好办法，解决问题的最好办法就是让孩子的心里升起一种力量，驱使孩子把一件事情努力深入地做下去。经历最初的痛苦，一直做到让孩子充满成就感，不做就会有一种失落感。很多有成就的人，就是达到了这种境界，最后成就越来越大。比如许多钢琴家，他们已经和钢琴融为一体，如果一天不练琴，就会失魂落魄。从本来艰苦的事情中体会到乐趣，惰性就会失去控制你的力量。正如很多坚持跑马拉松的人，一有马拉松比赛就立即报名参加，如果让我去跑，只能咬牙切齿坚持，但真正热爱马拉松的人可能会说根本不用坚持，要是不跑的话浑身都会不舒服。又如很多人对于读书提不起兴趣，而如果热爱阅读的人，一天不读书就会感到无精打采，因为读书给人带来了巨大的乐趣。

找到其中的乐趣，那些在别人眼里艰难的事情，将会变得无比享受。孩子完成作业也是这样的道理。老师布置的作业难度不大，一般情况下孩子都能独立完成，那么就和孩子来一场时间的约定吧，计划在30分钟完成的作业，如果孩子能按约定时间完成，甚至提前完成，孩子就赢得了更多自由支配的时间，可以做自己喜欢的事。在好胜心的驱使下，孩子会给自己施加进步的压力。

有时候，学校布置的作业做完了，孩子就不愿意完成家庭作业，把它当成负担，或许这与额外的家庭作业内容很枯燥有关系。如果一定要做，那么不妨调整一下布置作业的方式。"孩子，我这里有一些题目很有趣，是其他小朋友没有的，有容易、中等、困难三个等级，如果你做完了老师今天布置的作业可以来挑战，做对了可以获得积分奖励。"说到挑战，孩子一下子就激动起来，自信满满地说："我选最难的。""勇气可嘉，但要是没有做对呢？""嗯……再给我一次机会，如果还是不对你再扣我积分。""好主意，也可以用相应的复习时间来抵扣罚金。"孩子满心欢喜地参与到额外增加的学习中，乐此不疲地积攒更多的积分，有时也心甘情愿受罚。为了赢，孩子坚持的意志比我们想象中强大多了。

学习是一场漫长的旅途，克服惰性的过程除了靠个人意志的支撑，还要有家人的陪伴、支持和鼓励。承担学习的责任，只是孩子成人成才的开端，通过这样的过程孩子也在学习如何承担家庭的责任、承担社会的责任。假如父母眼光放长远一些，抓住养育孩子过程中那些鸡毛蒜皮的事，不厌其烦地帮助孩子在成长中修炼，尽管烦琐，却很有意义。

3 感受——用认可感受的方式，让孩子迅速进入学习状态

人都有情绪，情绪往往需要宣泄的渠道。对于孩子的情绪，家长只能因势利导，不可堵；否则，孩子就会一直陷在情绪的洪流中，难以自拔。

小深今天放学情绪不太高，在房间写了半天作业，似乎都还没有做完，不时听到文具掉落的声音。妈妈试探地问："孩子，你今天似乎不太高兴，是遇到什么事情了吗？"孩子支支吾吾地说："妈妈，你说，他真的不喜欢和我做朋友吗？""哦，看来你和小伙伴闹矛盾了……""不是闹矛盾，他是要和我绝交！"孩子着急得直跺脚。"我看得出来因为这件事你很苦恼。""是呀，我当时只是想和他开玩笑，没想到他会这么生气……""嗯，既然是好朋友，吵架了也会和好的。"妈妈继续安静地听着，孩子在倾吐中不断释放在学校里压抑的情绪……不久，小深就陷入了沉思，妈妈问："你是不是已经想好明天该怎么做了？"孩子点点头。妈妈摸摸他的头，示意他继续写作

业。不一会儿，他做完全部作业后，蹦蹦跳跳地跑出来，和刚回来时判若两人。如果小深没有找妈妈倾诉，这压在心头上的事，也许会让他久久不能平复，哪怕作业重要，也无暇顾及。幸好，妈妈及时切换成了朋友的角色，无须评论，只需要静静地倾听，相信孩子在倾吐的过程中便会找到解决问题的答案。

● 在被认同中联结情感

认可孩子的感受是建立情感联结的最佳方式之一，一旦孩子们的感受得到认可，就会很快平静下来。有时候，我们不能接纳孩子的情绪，是因为我们认为接受了孩子的情绪，孩子就得不到教训。如果当时我们看到孩子因为经常和伙伴发生的这点"小事"而迟迟不写作业，第一时间就否定了或者是忽视了孩子的情绪，孩子反而会陷入强烈的反抗和沮丧中，无法迅速从复杂的情绪中走出来，进而想到解决问题的办法。在大多数情况下，孩子如果不小心闯祸，立刻就会知道自己错在哪儿了。他需要的是一个值得信任的人和他确认——"我懂你的感受""我和你是一样的""我也会这么做"……

七大方法,让孩子的自主学习成为现实

● 在被认同中获得支持

对我们来说可能微不足道的事情,对孩子来说可能是天大的事,因此,我们要学会认真地对待孩子的感受。比如,孩子遇到学习上的困难,特别是在学习小学知识时,很多家长会百思不得其解:为什么这么点知识怎么教都教不会?与其为此着急上火,不如和孩子一起调整情绪。

小朱正在做一道应用题,不知道从何下手。妈妈走到旁边低头一看:"看得出来,这些知识你学得很吃力,对于其他同学来说,也是很不容易的事。没想到你遇到难题没有选择放弃,相信你一定会学会的。"孩子听了,抬头看着妈妈,似乎已经从沮丧中恢复自信,自言自语地说:"我再算一次。"

● 在被认同中得到疏导

我们用"我看到……你现在感到……你希望……"这样的句式,表达我们看到的行为和感受到的情绪,认同和理解孩子的感受,但这并不意味着我们认同孩子的行为,我们只是在帮助孩子梳理情绪，让他自由地表达出自己的喜怒哀乐，以便让孩子认识到自己有能力处理这些感受。

在倾听的过程中，家长不要企图修复、解救或者说服孩子放弃感受，而要意识到认同孩子感受的目的不是直接解决问题，而是帮助孩子认识自己的情绪，理解自己的感受，让孩子把他心里的感受和最真实的想法说出来。只有这样，孩子的情绪才能得到疏导、释放和转化，他们才会主动去想办法解决问题，也更愿意敞开心扉，把更多的心里话说给你听。

孩子某单元考试成绩不太好，老师要求孩子抄题重做。"这要抄到什么时候啊！"孩子不耐烦地边写边嘀咕。"因为抄题重做要花不少时间，以至于今天没有时间和小伙伴下楼玩，所以你有点烦躁不安？"爸爸试图理解孩子当下急躁的原因。"本来早就该完成作业的，就是因为这道题，好多内容，我都快抄写半小时了……""是啊，这样的抄写确实很枯燥。能不能不写？""不行啊，老师说错了都要重新写，当作复习……""看来你是能理解老师的用意的，即使遇到些困难，相信你调整一下心态，耐心点，很快就会解决了。"孩子向爸爸吐槽过后，又像打了鸡血一样，继续向作业发起挑战。

认可感受是一个漫长的过程，在日常生活中要做到认同孩子的感受并不是很容易，所以，父母要允许孩子有自己的感受，如果孩子还小，父母可以帮助孩子说出他的情绪。最后不得不注意的一点，就是认可孩子的感受，但也要避免过度认可。对家长来说最难的事之一是看着孩子受苦，但是允许孩子自己去感受是很重要的，他们在处理自己的感受时会发现自己多么有能力。

4 训练——用花时间训练的方式，让孩子习惯成自然地主动学习

叶圣陶曾指出：什么是教育，简单一句话，就是要养成良好的习惯。一年级是习惯培养的关键期，因此在小学起始阶段，就要注重孩子学习习惯的养成教育，以及孩子自主学习能力的培养，让孩子在好习惯的引领下，学有所长，学有所成。学习能力的培养不是一朝一夕的事，在孩子学习和成长的过程中，我们需要在很多方面花时间训练孩子，而不是期待孩子从我们的"说教"中学习。

● 陪伴增强信心

在孩子训练的过程中，家长是最好的教练员，可以根据自己孩子的发展水平，制订适合的训练计划。家长教练开创者 Michel Gagne 说："做一个教练，如果你想教好一个人，最重要的是你必须相信他，相信他能做到最好。"从制订训练计划的时候开始，家长就要有这样强烈的信念，尤其在孩子

七大方法，让孩子的自主学习成为现实

习惯养成的过程中，挑战新任务失败或是出现行为倒退，仍然要选择相信孩子，不断鼓励他在错误中学习，总结经验。

5岁的小禾刚开始学钢琴就流露出对音乐的强烈兴趣，每次上钢琴课都很积极，但是由于读谱不仔细，心浮气躁，曲子总是弹错，有时钢琴老师也会责备他弹琴不认真，学习速度慢等。妈妈发现小禾对音乐是感兴趣的，只是年龄比较小，手指力量不够，家里也没有学艺术的氛围，小禾学习钢琴的过程并不太顺利。妈妈为了鼓励小禾不要放弃，为小禾策划了一场钢琴演奏会，邀请亲朋好友来捧场，在正式表演前，妈妈每天陪小禾彩排，每一次练习妈妈都是最热情的观众，小禾越练越有信心，即使弹得不完美，但是他感受到，在妈妈的鼓励和陪伴下，自己每一天的努力都能让自己离目标更近一些。

● **抓关键期训练**

社会上正常的孩子，智商上的差异不大。有些大众眼中的好孩子，多半是学习习惯好，学习主动积极，他们的学习能力是通过不断地反复训练，才得以养成的。如果家长也很注重孩子学习习惯的培养,却总是事倍功半,也许是因为家长没有抓住习惯培养的关键期。

书写习惯

在幼儿园阶段,就有许多手部力量的训练,特别是手指精细动作、手部平衡与稳定、肌肉力量等的训练。在幼小衔接阶段,家长可以让孩子进行画线练习,学会正确握笔。千万不要小看握笔的姿势,这对孩子书写的美观度和书写速度都有影响。到了小学,各个学科都需要写字,语文老师会对孩子的书写提出具体的指导,那么家长可以做些什么?不是不断地增加练习任务,更不是鸡蛋里挑骨头,而是善于发现孩子写的"好字",这个"好"不是以字帖为标准,而是以孩子过往的书写水平为参照,找出间架结构合理的字,夸夸关键笔画写得美观的字,评一评书写有进步的地方,或是书写的姿势,或是书写的速度,或是书写的态度。孩子的每一份作业都是孩子的劳动成果,假如家长能捧在手上端详,并加以夸赞和鼓励,孩子一定会从小对书写的质量有较高的要求,打下扎实的书写功底。此外,还要特别注意两点,一是有的孩子写字速度慢,可能与临摹的方法不对有关,通常老师让孩子对照字帖写,并不是看一笔写一笔,看一个字写一个字,而是仔细观察字形结构以及字在田字格中的占位,边看边记，根据记忆再写出来。二是写作业的时候不要追求完美，觉得写不好就擦掉重写，即使是写错了，用修改符号正确修正即可，擦掉重写不仅很费时间，还会打断孩子写作业的节奏，甚至让孩子产生挫败的感受，抵触写作业。

阅读习惯

国家课程改革中不断强化广泛阅读对孩子的影响作用，学校也大力提倡孩子多读书，读好书。但是让家长头疼的是，家里买了不少书，但孩子就是读不进去。这一方面和家庭的阅读氛围有关系，另一方面和孩子的阅读习惯没有培养起来有关系。孩子的阅读习惯培养，要从定时、定量阅读做起，每天在家应该有固定的阅读时间，阅读习惯没有培养起来的孩子要从亲子共读开始，以保证每天的阅读时间，每天读哪些内容，读多少页，则需要根据目前的阅读兴趣和阅读速度来制定。一开始孩子识字量少，可以选择高质量的绘本，让孩子先提高阅读的兴趣，增加阅读量，往后再根据阅读能力的提高，不断增加阅读的要求，比如把故事讲给别人听，写下自己的阅读感受，等等。这些阅读成果的展示，对孩子阅读习惯的培养有极大的助推作用。

写作习惯

从写话到写作，孩子逐渐掌握了用文字表达见闻和感受的方法，但这是很多孩子学习的一大难题。不知道从何下笔的孩子该如何训练？和其他较大的学习项目一样，小时候反复训练，把句子写通顺、写具体、写生动，等孩子有了一定的积累，越写越多，就可以开始训练写作手法、设计篇章结构、运用修辞手法了。如果孩子到了三年级以上，只能写简单的一两句话，那就从头开始，以一、二年级的标准开始慢慢训练。训练的进程每个孩子都不一样，所谓"慢就是快"，一步一个脚印才能走得更远。

作业习惯

如果孩子一开始写作业，就拿起作业本刷刷地写，那就错了。因为刚开始学的知识遗忘得很快，马上写作业错误率比较高，正确的方法是写作业前先用几分钟复习今天学过的知识，这样孩子答题的时候又再一次强化了知识点，因为刚复习过，答题更容易，孩子便能更好地体验学习的成就感，做起作业来也更积极了。网络上盛传各种学霸们的学习秘诀，除了先复习，还要提前预习。预习这项作业很多孩子都不太

七大方法，让孩子的自主学习成为现实

重视，敷衍了事，但如果我们每天都能坚持这么做，孩子的听课效率会大大提升，自信心提升将驱使孩子勇于在课堂上展示自己，学习更加自信和自主。

语文学科是各个学科的基础，其他学科的学习都离不开以上习惯的培养，但绝不仅限于此，还有逻辑思维、流畅朗读、动手实践等，每个学科都有阶段的学习目标和要求，除了根据老师的要求审视孩子的学习进度，更要根据孩子的学习情况来加强训练，这个训练的过程需要耐心，需要家长愿意花时间研究、舍得花时间陪伴。

● **训练也是游戏**

学习能力的训练，不仅是在书桌上，而且要在生活中、在游戏里。如果学习和游戏一样有趣好玩，那么相信每一个孩子都会乐此不疲地学。一年级学拼音，是孩子们上小学以后遇到的第一道坎，单个汉语拼音好不容易学会了，声母韵母一拼起来就找不到调，怎么都拼不对，让很多孩子叫苦连天。家长们也如临大敌，学习拼音时除了让孩子反复地拼读以外，好像别无他法。尽管难，但如果家长能和孩子站在一起，共同面对学习上的难题，孩子也许会树立更强的学习信心。有的家庭用生活用品摆成字母的形状，帮助孩子学习拼音的写法；有的根据老师教的拼读方法，创编儿歌如"张大嘴巴ａａａ"，让孩子轻松掌握读音；有的把字母卡片做成扑克牌，一边出牌一边练读……练习的方法层出不穷，父母不断换着花样和孩子玩，不知不觉学习任务在游戏中就完成了。又如学习数学加减法时，超市是再好不过的课堂，家长带着孩子购物，可以让孩子比较价格的高低、算总价、用现金付款，等等。孩子不仅能在真实的生活场景中训练口算能力，还可以真切地感受到学习数学的乐趣。

　　游戏是儿童世界的母语，也是父母和孩子建立亲密关系的最佳方式。当父母通过游戏的方式参与孩子的学习生活时，就会和孩子共创许许多多孩子喜闻乐见的学习方式。轻松的游戏时光，不仅能帮助孩子训练解题的思维方式，还能让家长从中发现孩子的许多天赋智能。当孩子用自己擅长的方式学，学起来会事半功倍，孩子也会更主动地发起学习活动，像游戏一样，学习也会成为孩子期待的游戏项目。

七大方法，让孩子的自主学习成为现实

5 关注——用关注解决方案的方式，让孩子专注于学习本身

正面管教创始人简·尼尔森说："我们究竟从哪里得到这么一个荒诞的观念，认定若要让孩子做得好，就得先要让他感觉更糟？"传统教养方式下的家长，在面对孩子的错误时，一贯的做法是找到问题所在，找到责任人，找到发生问题的原因，然后通过指责、惩罚或是羞辱的方式让孩子承担后果，认为只有这样孩子才会长记性。但事实上，不管是哪种方式，对问题进行责备和惩罚只教给孩子为过去的错误付出代价，而关注于解决问题则是教给孩子如何面对未来，如何承担责任，如何解决问题让事情朝更好的方向发展。纠结过去与面向未来，哪一个才是新时代家长应该有的育儿观呢？相信家长们心中自有答案。

当孩子告诉你这次考试没有考好，你的第一反应是什么？

A家长：这道题你怎么又错了？才学过的知识怎么就忘得一干二净了！

B家长：这道题你不应该错啊，你考试的时候都在干什

么？是不是没有检查？

C家长：噢，看来有些知识我们还没完全掌握，我们再复习复习吧！

如果你是这个孩子，父母的哪一种态度会让你更愿意学习？答案可想而知。A和B家长的心情完全可以理解，家长的猜测也可能是事实。但当孩子犯错后，家长的指责或者批评，会让孩子丧失学习的信心，甚至产生抵触情绪。下次再有类似问题发生，孩子可能会撒谎或者不告诉家长。很多家长会抱怨孩子长大后什么都不跟自己说，试想，如果说的结果是挨批，谁还会愿意说呢？那么，面对已经发生的问题，家长关注于问题的解决，而不是宣泄情绪，就是对孩子最好的帮助和指引。

● **头脑风暴出方案**

发现孩子的问题后，你是第一时间是责备孩子、确定责任，还是和孩子一起头脑风暴想出解决问题的办法？如果你认为孩子犯错后首要任务是接受批评教育，那你就错失了教育中最有价值的部分——自我教育。孩子是问题解决的核心，我们应当尊重并相信孩子。经验告诉我们，往往孩子提出的办法才更容易被执行。也许由于孩子训练得少,提出的解决办法比较稚嫩,但我们只要不对孩子提出的办法进行评判,而是让参与者都打开思路,畅所欲言,就不难从大家提出的方案中,选择一个对所有人来说都可行的解决办法。一般情况下,可行的方案,符合3R1H原则,即相关、尊重、合理、有帮助。

妈妈:"宝贝,这个题目好像之前也做错过,有什么办法可以避免以后再错吗?"

孩子:"再错罚我干啥都行。"

妈妈:"把错的同类题目摘抄到本子上再练习。"

爸爸:"重新把这一章的知识复习一遍。"

孩子:"把要记的公式抄到纸上,每天早上上学前读一遍。"

妈妈:"每天做10分钟提高训练。"

……

方法多种多样,关键是落实到行动上。当我们都把注意力放在共创解决方案的时候,不管是孩子还是家长,原来面对难题产生的那些糟糕的情绪,便悄悄地烟消云散了。正所谓方法总比困难多,随着解决问题的方法越来越多,父母和孩子身上的力量感也随之增强，从"我不行"到"我能行"，从"我能做好"到"我能做得更好"。孩子自己想出来的办法，即使执行上遇到再大的困难，孩子也愿意去挑战和尝试，因为他不是单纯的命令执行者，而是创意提出者、问题解决者。在共创的过程中，家长也一定能感受到，孩子想做得更好，有上进心，只是当前因遇到困难而迷茫了，需要家长来扶一把。有些时候，身为家长在养育孩子的过程中会感到孤独，如果我们构建一个养育团队，让所有的家庭成员都参与到解决孩子成长的问题中来，不仅可参考的办法变得更多元，成员间在相互倾听的过程中还可以增加理解和信任、支持与配合，更有利于方案的有效执行。

● 修正方案或重新开始

任何方案都不可能做到完美，与其左顾右盼，担心做不了迟迟不敢行动，不如和善而坚定地执行选定的解决办法，先开始尝试一段时间。假如效果不好或再次出现问题，则再修正或重新开始讨论新的方案，千万不要奢望一种方法能治百病。

七大方法，让孩子的自主学习成为现实

思思书写潦草的问题很严重，如果要写得好看一些，就写得特别慢，完成作业的时间会大大延长，时间久了思思也打不起精神，坚持不下去。于是，思思一家召开了家庭会议，爸爸妈妈都参与了讨论，全家达成了一致，要加强练字，先把字写工整，再争取写美观，同时要不断提高书写速度。在家庭会议中，思思一家想出了很多办法，最后选了三种方案在第一个月开始执行：一是报一个书法指导班，每周上一节硬笔书法课；二是每个晚上写作业的时候，凡是作业中有要求写在田字格中的字，都要按照范例一笔一画慢慢抄写，其他题目按照正常的速度完成；三是家里购买水写布，每天做完作业后，临摹一个生字。实施了一个月以后，思思的字写得有点儿进步，便逐渐产生了"差不多"的应付心理，练字的兴趣逐渐降低。此时，思思妈妈再次提出召开家庭会议，全家对提高思思书写练习积极性的问题进行了讨论。思思也参与其中，想了很多新的办法，比如把写得好的字张贴在家中；邀请老师重点评价思思的书写情况，如果可以让思思在班中分享自己练字的心得，以鼓励班中的其他同学；爸爸妈妈也参加每天晚上的临摹，由思思来点评。重新调整了练字方案后，不仅思思练字的积极性大大提高，而且和爸爸妈妈互相鼓励与夸赞，家庭中的学习氛围更浓，亲子关系更和谐了。

错误是成长的契机，当孩子出现任何问题时，正是我们发现问题、解决问题的机会，是家长调整教养方式的时机。向前看，往前走，家长要更多关注孩子和自己需要改进的部分，这也是家长与孩子成长的共同课题。

6 给予——用给予关注的方式,让孩子摆脱学习的孤独感

学习过程中的无力感、挫败感、孤独感会让孩子丧失学习的勇气和信心,如果你觉得这不可思议,不过是你忘了自己也曾经是个孩子罢了。每个人都希望得到别人的关注,孩子也是一样的。当下家庭里这么多家庭成员关注一个孩子,孩子怎么可能没有被关注到呢?其实,并不是因为我们的关注不够,而是很多时候我们的关注点和孩子的关注点不一样,或者我们关注的方式并不是他们想要的。

● 及时的关注

有的父母工作忙碌,在抽时间陪孩子这件事上很为难;有的父母即使陪着孩子,也是心不在焉,面对孩子想要分享自己在学习中获得的成功或是遇到的困难时,只是敷衍地回答"哦哦,知道了"或者"妈妈正在忙,等一会儿再说"。孩子心想:父母总是有做不完的事情,到底是工作重要还是我

重要？如果孩子想要努力证明自己更重要这一点，发现通过努力学习和积极表现也不容易实现，可能会选择制造一系列的麻烦事，让父母不得不放下手中的事来关注自己。其实孩子的需求简单而真实，只是希望自己说的话别人愿意听，喜欢听，让自己感到被尊重。所以，当孩子想要和你分享的时候，眼神的交流、认真的聆听和及时的回应非常重要。正如托尼·莫里斯所说："当他们走进房间时，你的眼睛亮起来了吗？"哪怕是一个眼神，及时地关注孩子，给孩子传递的就是"你对我很重要"这样的信念。

● 适当的关注

不仅孩子会出现寻求过度关注这样的错误目的，有时候家长也会不自觉地对孩子进行过度关注。假如孩子写作业时，家人频繁地进出孩子的房间，不断嘘寒问暖，或是一看见写错的地方就要求孩子立刻改正，这就属于给予了孩子过度关注，干扰和打断了孩子的学习。适当关注要基于孩子有情感需求和生活需要，适时提供精神的鼓舞或是实际的帮助。

今天回到家，孩子拿着绘画比赛的奖状高兴地从房间跑出来,满心欢喜地说:"妈妈,你看,老师给我发奖状了。"我展开手臂迎接这个快乐的小孩,一把抱在怀里:"是嘛,太厉害了吧,是哪一幅画呀?""就是那次科幻画比赛,我画了好久呢。""是啊,我记得,构思很好,涂色也花了很多工夫,妈妈为你骄傲!"说着在孩子的脸蛋上亲了一下。"啊呀,妈妈,我不和你说了,我要赶紧写作业了,老师说了写得好的作业还会得到印章。""是吗?那快去吧……"仅仅是几分钟,孩子像充满了电的发动机。

对孩子来说,得到家长的认可是获得价值感的源泉。有时候,孩子需要关注,可能还与缺少安全感有关。孩子不断询问、纠缠在家长身边、不愿意参与学习,也许是孤独感使然。父母陪伴的时间太少,好不容易等到父母回家,孩子多想亲近一下爸爸妈妈呀,哪怕是一句问候和一个拥抱,让孩子知道自己不是孤独的。即使家里有爷爷奶奶或是兄弟姐妹的陪伴,父母的地位和作用都是无人可取代的。

在写作业前,父母不妨和孩子确认,询问孩子:"需要我为你做些什么吗?"如果孩子并没有需求,父母和孩子则继续静静地做自己的事,或是处在同一空间里,一起阅读学习,默默地陪伴,这比吃一顿丰盛的晚餐更让人满足。

● 特殊的关注

为了避免孩子做出破坏性的行为，家长在提供一些建设性的帮助，或是给孩子有限选择的同时，也要向孩子摆明自己的底线，只有在特定的时间或条件下，孩子提出的需求才能得到满足。

现实生活中，家长有很多的无奈，手上的工作和家务活并不是说放下就能放下的，那怎么平衡工作和孩子之间的关系呢？不如和孩子约定一个特殊时光。

"妈妈，这个字怎么写，我不会……"

"妈妈，这道题是什么意思？"

"妈妈，这个单词哪里错了？"

"我知道你遇到了些困难，先把这些不会的空着，全部做完了，我再来帮助你。"

"妈妈，可是我不会啊……"

"是的，我知道你现在不会，现在我不能回答你，检查作业的时候我们再来看看是会的多还是不会的多。"

每天晚上检查作业，是我和孩子约定的特殊时光，在这个过程中首先肯定孩子能独立思考，没有完美的作业，出错

七大方法，让孩子的自主学习成为现实

了就和孩子一起找原因，查漏补缺，不管孩子是否学会了，这段时光我们都在一起。为了获得更多的赞赏，孩子在完成作业上，做出的努力比我要求的多得多。

7 放手——用放手的方式,让孩子学会从挫败中站起来

学习的道路不是一帆风顺的,父母可以陪伴、支持,但无法包办、替代,体验学习中的酸甜苦辣,本身也是孩子学习的重要内容。世界上唯一有一种爱是指向分离的,那就是父母之爱。孩子终究会长大,我们对他们最好的爱就是带着爱放手,让他们离开我们也有能力去适应这个瞬息万变的世界。只有当我们学会放手,相信孩子能做到时,他们才会真正地学会解决问题,学会承担责任。

● 分职能,少担责

放手不是一件容易的事,也并不意味着完全撒手不管。放手前,父母要对孩子的能力有基本的认识,做到先扶后放,一步一步厘清哪些学习责任是孩子应该独立承担的,哪些是父母需要监管的。

比如每天的作业自己登记;写完作业,自己检查后再给

父母检查；上学前自己整理书包，带好学习用具……是孩子的责任，由孩子自己负责，如果漏带作业了，得重写；忘记带书了，自己想办法借；作业记错漏写了，得自己向老师解释……出现的一系列自然后果和逻辑后果由孩子独自承担。和孩子达成共识后，家长就得温和而坚定地执行，不为孩子的错误埋单。

● 闭紧嘴，少唠叨

孩子最厌烦父母的唠叨，甚至会为了和父母抗衡，恶意对着干。深究父母爱唠叨的原因，其实是源于其内心的恐惧。可能过往挫败的经历给父母留下了深远的影响，以至于他们在孩子身上，也会投射自己的影子，害怕孩子也有同样的遭遇，因此反复地提醒、劝说孩子。可孩子没有这样的经历，哪能把父母的话听进心里呢？父母的诸多担心在孩子那里却引得一番厌恶。在孩子的学习上，但凡是孩子应该做的、能做的，父母都要允许孩子有选择的权力。不妨多问问自己：我担心的事情一定会发生吗？如果真的发生了，孩子能承担吗？如果结果是在可控的范围内，放手让孩子自己做决定有何不可呢？

● 从易到难，少插手

除非孩子提出需要父母帮忙，否则父母就尽量忍住不插手，这样孩子的感受才深刻且真实。如课堂学习、课外活动、各种竞赛、家庭生活等，让孩子尽情展示和锻炼自己，家长只需充分相信他们的潜力，放手让他们独立处理问题，不要剥夺他们体验失败的权力。当然，为孩子提供挫折体验时，一定要注意必要的限度，考虑到孩子的挫折阈限，以不伤害他们的身心发展为前提，以孩子自身的心智和体力能够克服为限，如果情境设置得很难，他们望之却步，无法达到教育效果。在坡度方面，依据孩子生理成熟和心理发展的规律，由易到难，由低层次挫折到高层次挫折，形成合理的挫折教育序列。在跨度方面，一个挫折持续的时间控制在意志调节功能不疲劳的有效范围之内，超过了这个范围，家长有责任帮助孩子排除挫折出现的频率，控制在他们努力后能够承受的范围内，以免出现不良影响。

放手，但不撒手；爱，但不溺爱。成长的挫折，会让孩子学会珍惜和感恩，更让孩子懂得如何真正掌握和应用知识。我们常说，要激发孩子学习的内驱力，就得放手让子去体验。只有产生学习的动机，才能让学习真正发生。

第5章

陪写有方,
养成孩子七大能力

陪写有方，养成孩子七大能力

1 自信力——让孩子能够勇敢面对生活中的问题和挑战

在家庭教育中，自信心的培养对于孩子一生的发展都有重要的影响。歌德曾经说过："人类最大的灾难就是瞧不起自己。"家庭是孩子的第一所学校，父母是人类情感习得的启蒙老师。然而大多数家长在谈论家庭教育的时候，首先都会想到："你们都用了什么样的方法？"其实，家庭教育的关键不是简单的哪一种方式、方法，而是集情感、文化、道德等多种因素于一体的集合。也就是说，父母在教养孩子的过程中和日常生活中所表现出来的一种稳定的、典型的、占优势的言语、行为的倾向，是孩子学习的直接范本。家长的影响决定了孩子是否能够充分利用自己本身的条件，走得更稳、更远。

● **构建有爱的家庭环境**

构建一个有爱的家庭环境，保证和孩子有正常的家庭生活时间，是孩子获取安全感的源泉。当下很多父母疲于工作，真正能和孩子待在一起的时间越来越少。在"养育"的过程中，有人认为"养"都很勉强，更谈不上"育"了。法国思想家帕斯卡认为，人生有很多麻烦都是因为你不能待在自己的屋子里而造成的。一个充满爱的家庭环境，包含了理解、尊重、接纳、信任，也包含了无私的关怀和有效的帮助，以及严格和谨慎。父母的爱不仅能帮助孩子驱除惧怕，建立德行，还能启迪孩子的智慧，这些都是培养孩子自信心的关键因素。身教重于言传，孩子从父母之间的恩爱、父母对自己的关爱中，学会爱他人、爱自己，从小培养足够的安全感能治愈孩子一生。当他未来面对困难与挫败时，仍有站起来重新开始的勇气和自信。

铭铭今年三年级，学习英语的积极性很高，想在这门课程上有很好的表现。他每天很努力地朗读打卡，但考试成绩依然不理想。这一天，孩子拿着成绩单回来，情绪比以往更低落，做作业的时候，总是心不在焉。孩子直接问妈妈："妈妈，我是不是真的很笨，就是考不好？"妈妈非常理解孩子为什么会这么问，以前给孩子做疏导，为了安慰激励孩子，她会举"笨鸟先飞"的例子，告诉孩子努力之后就有好回报，还有坚持就会有好的结果等。但孩子自己尝试的结果，是失败的，这让孩子很受挫，开始怀疑自身能力。此时，妈妈放下手头的事，把孩子抱在怀里，轻声地对孩子说："妈妈看到你这段时间的努力，与成绩比起来，你能坚持努力才是妈妈最值得骄傲的，我相信，你离目标的达成越来越近了。不管你考多少分，你的努力已经满分了。"孩子一下子释怀了，重新鼓起勇气对妈妈说："妈妈，我可能拼写出了问题，也许我再默写几次，这些单词就不会写错了。""哦，你这么快就发现了可以改进的地方啦，你写完了我们一起来检查吧。"有了妈妈的鼓励，孩子走出了情绪的低谷，重新获得了改进的动力。

● 尊重孩子的发展规律

孩子在每一个成长阶段都有不一样的自然规律，这是生命所具有的独特魅力。家长如果不懂得成长的规律和特性，一味行使自己的特权，强行要求、灌输，势必会适得其反。

"这都不会！""你怎么学的？""你看看别人……"家长这样话语简单粗暴，总是拿孩子的劣势和同龄人的优势做比较的行为，其实忽略了孩子本身所具有的自我观察能力、学习能力和智力水平，不仅扼杀了孩子的独立思考能力，更扼杀了他们的自信心。

芳芳刚开始学写字,有的笔画总是写反,比如"手"这个字的最后一笔弯钩,她总是往右钩起。爸爸看到作业中又写错了,气急败坏地骂芳芳:"这都教过多少次了,你有没有听进去啊!"事实上,爸爸也知道孩子已经很用心在学习了,听讲也很专心,爸爸打电话向老师倾诉时,老师说:"有的孩子写数字的时候6、9颠倒、b、d不分,其实是'视觉空间感'发展得不够好。"在老师的建议下,爸爸经常和芳芳玩找不同、走迷宫、拼拼图的游戏。芳芳在开心的游戏中视觉空间感发展得越来越好,爸爸也不再为孩子这些错误而干着急了。

● 保护幼儿的敏感度和探索欲

看似"听话""顺服"的孩子,习惯了被父母支配着,不会做选择。这样培养出的孩子大多缺乏自信心和独立思考的能力。父母在选择的过程中忽略了孩子自身的能力和愿望。站在自己的立场上,替另外一个人做决定,这是一件非常危险的事情。

蒙台梭利说过,独立是孩子的天性,孩子天然地走向独立。试想,一个孩子太听话,总是服从大人的指令和选择,必然会失去对周围环境的敏感度和探索欲望。久而久之，孩子躲在父母的臂膀下，不但会丧失原有的探索本能，还必然会丧失自信心。这正是"纸上得来终觉浅，绝知此事要躬行"的道理。

禾禾的幼儿园布置了一项用纸巾和木棒做中秋灯笼的作业。当妈妈在粘贴木棒的时候，禾禾走过来对妈妈说："我也想贴。"妈妈心里犹豫了一会儿，心想：让孩子贴不知道要浪费多少材料和时间才做得完。但转头一想，这毕竟是他的作业呀，于是妈妈把工具给了禾禾。果然，禾禾弄得满桌子都是胶水，时不时哭笑不得地说："怎么有这么多胶水流出来啊……怎么架不起来……"妈妈在旁一边协助整理桌面，一边提醒，虽然最后弄得一片狼藉，但是胶水干了以后，禾禾看到自己做好的灯笼，兴奋地向爸爸炫耀自己的成果："如果下次再做，我还会加点装饰。"

2 贡献力——让孩子找到自己的人生意义和目标

人终其一生都在追寻价值感，希望从自己对他人、对集体的贡献中，显现自己是重要的、有价值的，因而接纳自己、喜欢自己。

有研究表明：低学业成就者，与同等潜力的高成就者相比，具有较低的自我价值感，认为自己不够充实，不容易与他人接近，并受到较多的批评与排斥。由此可见，学业成就的高低影响着孩子的自我价值感。同时，孩子的自我价值感高低，也会影响孩子投入学业的自信心。要让孩子从小培养自我价值感，就是让孩子多做力所能及的事，多做一些好事，感受到自己存在的价值，进而更加积极阳光地生活。你有没有过这样的感觉，在公交车上让座，会感觉这一天心情都很美好，这是因为你感受到了自己的社会价值。阿尔弗雷德·阿德勒认为教育的目标是培养"共同体的感觉"，简单来说就是"关心他人"。

在中小学阶段，孩子面对的学习任务都是一样的，在课堂里率先学会的孩子可能会被老师邀请当小老师，教其他不会的孩子。孩子们都很看重这样荣耀的机会，因为在这个展示的过程中，他们实现了自我价值的转化，这就是马斯洛需要层次中最高的自我实现的需求。其实，在家庭中，父母也可以多提供这样的机会，让孩子学着老师的方法，现学现卖，把学到的知识点在家里"教"给父母，当孩子用自己的话讲一遍时，能更好地将新旧知识进行连接和强化。在实际操作中，父母多问几个"为什么"，可以帮助孩子跳出"我知道答案"的局限，促使孩子思考因果关系，如"为什么竖式计算要这样对齐呢？""先总后分的写法有什么作用？"等等，通过追问的方式，让孩子加深对知识点的理解。阿德勒建议学习好的孩子应该去帮助其他孩子学习，取得好成绩的能力不仅用于自己，还要慷慨地帮助别人，孩子一定会不厌其烦、乐此不疲地为他人讲解，因为他们享受这个被需要的过程。

　　人的价值，对于自己而言是生活得幸福；对于他人和社会，则是贡献。《被讨厌的勇气》中说道："贡献他人"是人生幸福的灯塔。也就是说，只有贡献他人，贡献社会，你才会感觉到自己的人生是有价值的，才会感到自己是幸福的。阿德勒认为自我价值认同感有助于培养直面自己课题的勇气。如果能够在学习之外的地方做出某些贡献，找到自我认同感，就会随之建立起直面学习的勇气。

6岁的墨墨热爱音乐，但是练琴总是有些惰性，三天打鱼两天晒网。钢琴老师训斥墨墨："你这个学习进度，什么时候才能考级啊？"墨墨疑惑地问妈妈："妈妈，什么是考级啊？是得到奖状吗？"妈妈突然意识到，因为孩子不知道为何而学，自然没有学习目标和动力呀。也许，很多琴童的目标是考级，理想是当钢琴家，传播音乐文化，但对于默默来说，如何发现现在学习钢琴的价值呢？一天饭后，妈妈对墨墨说："今天工作太累了，要是能听一段音乐放松一下该多好呀！"墨墨跳到妈妈面前，兴奋地说："妈妈，我最近学了几首新曲子，我弹给你听，怎么样？"妈妈陶醉地欣赏完墨墨的弹奏，对墨墨说："谢谢你带来的美妙音乐，现场听真的比听音频更动听。""你们想听什么？我下次让老师教我，这样我可以弹给妈妈听、弹给爸爸听……""亲爱的宝贝，学习钢琴也好，学习其他技能也罢，就是为自己的生活多开辟一条道路，你能感受不一样的精彩。考不考级都不重要，你发现学习的乐趣和用处才是最重要的。"妈妈的一席话，让墨墨突然明白，原来以为学钢琴只是为了自己，其实学有所成也能帮助他人，因此学习钢琴有了更多的动力。妈妈有时候还会"聘请"墨墨当弟弟的陪练，支付他"工资"。

学习绝不仅仅是为了自己，现在努力学习，将来才会对社会有所贡献。为了激发孩子的贡献力，父母可以经常性通过致谢的方式，表达对孩子所做贡献的感激，如"谢谢你，今天独立完成了这么多的学习任务，没让我操一点儿心。""我看到你今天一放学就先做作业，让我们晚上有了更多一起玩耍的时间，谢谢你。"在人群中对孩子的贡献行为表示肯定和认可，也将极大提高孩子的积极情绪，增强孩子积极进取的动力。当我们当着孩子的面，对旁人说："我的孩子总是能处理好自己的学习，遇到不会的题目，先自己思考，再问别人。"对孩子来说，这不仅仅是对自我价值的肯定，还是一种心理暗示，下一次他仍然会朝着这样的目标去努力。

如果孩子能够从保持安静中获得对他人的贡献力，那就不会再做一些令大人头疼的事。如果能够拥有贡献感，孩子就不会再盲目地渴望获得表扬了。如果孩子真正体会到了学习的喜悦和获取新知的快乐，即使无人强制，他也会主动学习。如果孩子懂得学习是为了贡献于他人和社会，在他学习遇到困难的时候就不容易放弃。

3 影响力——让孩子可以影响自己的决定并为此负责

每个人对自己生活的影响都具有强烈感知,孩子需要的是"生活的勇气",他们必须去面对一些只能靠自己的力量解决的问题。父母难免会担心孩子的人生,想要阻止或避免孩子失败,以至于总想控制孩子的选择。其实,这样的干涉是不相信、不尊重孩子的表现。学习成绩好或者顺利升学固然重要,但学会发现小生命本身的可贵之处,才是父母重要的使命。

● "我可以选择自己的人生"

小浩妈妈告诉老师,最近小浩的成绩一落千丈,成天就想着打球,现在想让小浩退出学校篮球队。老师特别能理解家长的心情,但是为了尊重孩子,老师还是专门把小浩约到办公室谈心。

老师:小浩,听说你最近的学习成绩有些下滑?

小浩：是我妈妈和您说因为我喜欢打篮球不好好学习了是吧？

老师：妈妈确实有这些担心，但老师很想知道你是怎么想的。打球真的影响你的学习了吗？

小浩：我真的很喜欢打球，我希望老师继续让我留在篮球队。这几次没考好，确实是自己没有好好复习，但是和打篮球没有关系。

老师：那你怎么消除妈妈的担心，让她也支持你继续打篮球呢？

小浩：我向你们保证，期末考试我的语数英都能考到85分以上。

老师：但这要到期末才能证明，你现在有什么行动可以影响妈妈的决定？

小浩：我……每天训练完就及时回家，先完成所有作业，再去玩。

小浩说到做到，通过自己的行动向妈妈证明自己对篮球的热爱，妈妈也看到孩子在这方面的特长，周末给孩子请教练加强训练，大力支持孩子申报篮球特长生。因为能做自己喜欢的事，小浩很珍惜，也努力地学习，让文化课成绩不掉队。

不用督促的学习：作业辅导篇

● "我可以随时调整目标方向"

形形和楠楠是好朋友，形形是班上公认的学霸，各科成绩都非常好，但楠楠成绩一般，楠楠的父母经常拿两人来比较，所以渐渐地，楠楠对学习越来越没有信心，平时在学校学习也打不起精神。老师发现了这个问题就对楠楠说："你的学习能力很强，班上有几个同学这段时间学习成绩下降了，老师想请你当他们的小老师。"楠楠勉为其难地答应了，利用课下的时间一对一地帮同学讲题、背诵，不仅这些同学的成绩提高了，楠楠的学习成绩也稳步提高，还交到了很多好朋友。当老师问楠楠最近的感受时，楠楠说："妈妈说，虽然我现在不是班上最优秀的学生，但是我可以做进步最大的，而且我要带领更多的同学进步……"老师看到了楠楠油然而生的自豪感。

4 内省力——让孩子学会自我评估、自我控制、自我管理

"这么多作业,我不想做,我真的做不完……"小鸣一放学回家,把书包往地上一甩,就开始怒吼。妈妈闻声走过来,平和地说:"说说看有哪些作业让你如此崩溃。"小鸣一口气地说出语文、数学、英语、体育作业,说着说着,豆大的泪珠滑过脸颊。"我听出来了,你觉得作业多,时间不够用,你现在是生气、不解,还是沮丧呢?"妈妈尝试通过共情让孩子识别当下的情绪。"都有!"小鸣逐渐平静下来和妈妈说,"每科的作业看上去不多,但是这么多科加起来,我得写到什么时候啊?还不如不放假呢!"

孩子们似乎经常遇到这样的"难事"。哭,是宣泄情绪的一种方式,任由孩子肆意地哭一会儿,也许孩子的情绪好了,就会平静地面对当下的学习任务。但如果家长看到孩子一直处于愤怒的状态中,不能自己走出来,便可以适当介入。发怒是交流的一种形态,不过不使用发怒这种方式也可以交

流，从而获得别人的认同。易怒的人，并不是性情急躁，而是不知道发怒以外的有效交流工具。因此，当孩子因为学习畏难、受挫，或与同伴交往不愉快而发泄愤怒的情绪时，父母要及时让孩子学会识别自己的情绪：难过、伤心、沮丧、无助……清楚地知道自己情绪的来源，才能使孩子找到走出情绪的方向。情绪本身没有好坏之分，家长要允许孩子有情绪，但必须在生活中教会孩子如何控制情绪，遵循"不伤害他人、不伤害自己、不伤害环境"的原则，选择合适的、恰当的方式让情绪悄悄地离开。让孩子学着调整到平心静气的状态，这样能帮助自己专心学习，也可以让自己无视那些以让别人感到挫败为乐的人。

"现在你可以做点什么让自己好一点？"妈妈通过启发式地提问，让孩子从情绪的旋涡中抽离出来。如果孩子想不到，家长可以和孩子转动选择轮，随机选择一项自己喜欢的项目做，比如画画、听音乐、看书、运动，等等。随着情绪慢慢缓和，孩子仍然要面对未解决的问题，父母的陪伴、倾听、交流，不仅让孩子拥有解决问题的勇气，还让孩子学会从每一件事情中不断反思，提高对自己情绪的觉察能力，掌握控制情绪的方法。

自卑感人人都有，它是"对健康、正常的努力与成长的刺激"。因为感到自卑，人才会想要努力进取。为了让孩子正确认识到这自卑感不是在与别人竞争或是和其他人比较中产生的，而是为了通过自省的方式成为更好的自己，父母应该更多地重视过程，对孩子说："你已经很努力了！"这将会让获得不理想学习评价的孩子释放压抑的负面情绪。

5 合作力——让孩子能够与他人沟通、合作、分享、共情……

合作是人类相互作用的基本形式之一,未来孩子将面对的是一个多元、复合、多变、互赖的社会,他们不仅要学会如何竞争,更应该掌握如何合作。合作学习的重要代表人物约翰逊兄弟认为:"如果学生不能够把所学的知识和技能应用于与他人合作性互动之中的话,那么这些知识和技能都是无用的。"在学习中,家长也要有意识地让孩子将知识从认知层面转化到应用上,学以致用。

数学老师布置了一项作业:观察生活中的对称图形。"家里的风扇是对称图形。""凳子是对称图形。""碗是对称图形。"小智和爸爸在家里比赛谁找到的对称图形多,从客厅到厨房再到房间,父子俩找得不亦乐乎。"爸爸,手也是对称图形。"小智兴奋地和爸爸分享自己的新发现。"是吗?左右手能完全重合吗?"爸爸顺着孩子的观点,提出论证。"可以啊,你看!"小智把手掌合在一起,自信地比画着。"好像用肉眼这么看,是重合了。但每个人

陪写有方，养成孩子七大能力

的手都是这样的吗？"爸爸提出的这一驱动性、引发性问题，一下子激发了孩子继续探究学习的兴趣。接下来，小智把全家所有人的双手都观察了一遍，发现爸爸妈妈的右手比左手稍稍大一些，爷爷奶奶的手因为有伤，有的关节变形了，根本重合不了，全家人都耐心地倾听着小智分享，小智越讲越起劲，最后还提出需要爸爸妈妈协助，去网络上探究这个问题的其他资料。本来是一项数学作业，完成任务即可，但小智和爸爸却把它当成了一场游戏，最后谁输谁赢并不重要，亲子增进了沟通和情感，成为全家的特殊欢乐时光。

阿尔弗雷德·阿德勒认为，孩子的合作潜能是天生的，但要使它发展起来，还得训练与学习。在学校中，老师经常倡导小组合作学习，组内成员有具体明确的分工，在一个阶段里每人都应有相对侧重的一项责任，担任一个具体的合作角色，如讨论的组织人、记录人、发言人。一段时间后，角色互换，使每个成员都能从不同的位置上得到体验、锻炼和提高。试想一下，在家庭中，父母和孩子是不是也可以组建这样的学习型小组呢？

首先，家长要鼓励和支持孩子进行自主学习。合作学习只有建立在个人努力的基础上才能完成。在合作学习时，首先应保证孩子有足够的时间独立思考，有了自己的想法后再和父母探究交流、解决问题，这样做就避免了孩子直接从父母那里获得信息。

其次，家庭成员间可以开展交流。每个人都有权利表达自己的个人想法，其他人先倾听，接着针对有疑问的地方进行集体研究。如果当下存在没有解决的问题，可以提出来请教其他人或寻求网络资源帮助解决。针对很多孩子自我表现欲强烈、缺乏合作能力的弱点，父母应经常训练孩子合作交流的方法，使孩子学会如何倾听、归纳别人的意见，怎样在别人意见的启发下完善和发展自己的观点，怎样清晰地表达自己的看法，怎样大胆地提出自己的不同见解……家长甚至要鼓励孩子和自己争论与辩论。

陪写有方，养成孩子七大能力

6 把控力——让孩子拥有面对生活中的限制做出反应的能力

"乐乐，你作业写完了吗？""没呢，没事的，作业不多，明天我再写。"面对孩子的回答，妈妈迟疑了一会儿，再问："你确定明天再写？万一明天有其他的事呢？""能有什么事，我肯定能写完。"乐乐坚定地回答。第二天，乐乐懒洋洋地起床后，在家里晃来晃去，丝毫没有要写作业的意思，妈妈也没有催促他。中午家里来了亲戚，饭后正商量着去公园玩。乐乐很想一起去，但看着未完成的作业，心里也没底：要是去了呢，回来该很晚了，完成作业得很晚才能睡觉；不去呢，多少心有不甘。妈妈看出了孩子的心思，温和地对乐乐说："你要为你做的选择负责任，不管你怎么决定的，妈妈都支持你，也相信你最后能把作业做完。"听后，乐乐表示难得和亲人出去玩，他也想参加，但是请妈妈5点就把自己接回来写作业，今天晚上全部完成再睡觉。5点，是孩子对现实情境预估的截止时间，也是对自己学习能力做了初步评估，最后，乐乐按时完成了作业，并且对妈妈表达了自己的真实想法：原来做事有目标，效率会提高。以后还是提早规划完成作业，最后惶恐不已的感觉真让人不舒服。孩子最后得出的结论是自己亲身经历和感受所得，也是自我教育的过程。妈妈见此，欣慰地对孩子说："你不仅作业没有落下，也玩得很开心，还有了心得体会，今天过得很值啊。"

生活中有很多意外，学习上也如此。有的父母习惯了为孩子规划好，做到未雨绸缪，以至于孩子真正要做选择或者独自面对问题的时候，就彷徨、迷茫。偶尔给孩子设置一些"小难题"，对孩子既是考验，也是一次深刻的学习。

小博要参加一次机器人比赛，在现场测试的时候发现高手如云，自己设计的方案胜算不大。小博难过地回到家，哭着对爸爸说："我这次肯定得失败了，我不想参加了……"爸爸一听，反问道："假如在一百年、一千年后回头再看你这次的比赛，你会怎么看待这次的成功或失败呢？"小博沉默了，一副若有所思的样子，不紧不慢地说："成功或失败，都没有人记得吧……""是啊，这么想，就算是失败，也不重要了。""但是，爸爸……我还是想赢……""那就看看，你还能不能尝试做得更好。""我不确定可不可以这样改装……我试试。"最后，小博虽然失败了,但是他因为看到其他选手的优秀,燃起了自己在这一方面进阶学习的热情。

经历适当的挫折是一个人健康成长必不可少的,如果一直在顺境中成长,可能使人变得脆弱,遭遇意外时显得不堪一击。因此,家长应该让孩子直面挫折,接受疼痛,不用虚幻的爱心去麻痹孩子,鼓励孩子去接受困难和挑战。

7 判断力——让孩子拥有理性做出决定的能力

老师布置了一个周末作业：要求孩子早上把一枚生鸡蛋带在身上，像妈妈照顾宝宝一样，照顾好这枚鸡蛋，使鸡蛋完好无损。芳芳一早起来就兴奋地去冰箱找来一枚鸡蛋，拿纸巾一层层地包裹好揣到裤兜里。妈妈打趣地说："你把鸡蛋煮熟了，就不容易碎啦。或者说，即使碎了再换一枚鸡蛋，老师也不知道啊……""不行！"芳芳斩钉截铁地回答，"那不就是作弊吗！""呵呵，看来你是认真的呀，那你能想到今天保护这枚鸡蛋的时候要注意些什么吗？"妈妈看到了芳芳的决心，继续用启发式的提问，帮助她提前预设可能出现的问题。"走路不能太快、坐下的时候要慢一点。""还有吗？""转弯的时候不要碰着它，尽量也不要和其他人靠得太近，万一被人碰坏就糟糕了。"芳芳越想越细致，妈妈不禁夸赞："你考虑得很周全嘛。你减少一些活动，就能降低鸡蛋破损的概率。""那也不行，老师说了要真实的体验。""是哦，这只是体验的活动，没有输赢，对吧？"妈妈和芳芳的对话，促进了芳芳在体验活动中的思考，从孩子的判断中，家长可以引导孩子形成正确的价值观。

在各种活动中，孩子们面临道德问题时会被要求做出道德评价和道德选择，过程中孩子会逐渐形成一定的道德和伦理原则。其实，生活中不缺少道德评价的考题，但孩子通常都被家长们的"正确答案"主导了，不会自己做决定，甚至不敢自己做决定。社会上经常传出作业抄袭、代写作业等负面新闻，谁能保证自己的孩子不会受他人的影响？与其堵不如疏，完成作业对于孩子来说，是他们当下要处理的困难且复杂的任务。他们和成人一样会面对各种各样的诱惑，家长不妨和孩子讨论一下，也许会发现孩子正处于不同的道德水平发展阶段。

第 6 章

全面赋能，促进孩子学习能力迁移

1 "我有我的长项"——让孩子学会关注自己的优势

"老师,我家孩子性格太内向了,不太喜欢主动和别人交流,就喜欢安安静静地看书。"

"老师,我的孩子太好动了,一刻也闲不住,脑子里不知道哪来这么多的想法,主意可多了。"

很多家长都希望外向的孩子沉稳些,内向的孩子活泼些,在家长眼中孩子身上的这些性格缺陷,如果放大来看,其实也正是孩子的优势。

正如没有相同的两片树叶,每个孩子的兴趣爱好、性格气质不尽相同,尽管我们都想追求完美,但短暂的人生也实在不允许我们把大量的时间耗费在无效的弥补缺漏上。教育心理学反复告诉我们:兴趣是最好的老师。人的最大兴趣正是关注自身的优势,"扬长"教育容易实现教学最理想的"乐学"境界。每个人的创造潜力蕴藏在他的特长之中,每个人的学习兴趣也自然凝聚在他的特长之中。在优势项目中,孩子往往能获得较高的自我效能感。例如,逻辑思维能力较强的孩子可能在数学上的自我效能感较高,而语言能力较弱的孩子在英语学习上的自我效能感偏低,这些自我认识恰恰比较准确地反映了孩子的优势领域和弱势领域。

从社会层面上说,社会分工需要不同的社会成员把各自不同的特长尽情发挥出来,只有这样,社会人力资源才能最大限度地调动起来。比如主持、营销岗位适合活泼、热情、善于表达的人,而科技研发岗位则更适合沉着、创新的人才。在分工越来越精细化的现代社会,无论是对社会,还是对个人,"扬长避短"都有着非同寻常的现实意义。

小涵的学习基础薄弱,文化课学习一直很吃力。爸爸妈妈总是想找老师为孩子补课,孩子为了能考上公办高中,很长一段时间,一放学就埋头学习,放弃了自己最爱的篮球。投入了很多的时间和精力后,小涵的成绩并没有明显的提高,小涵感觉越学越没信心。老师特意找到小涵,告诉他市里一所普通高中招考篮球特长生,文化课的要求的分数比一般学生低很多。于是在父母的支持下,小涵每天放学后及周末开始上篮球专业课,短短几个月的训练,小涵顺利通过特长生的专项考试,最后中考文化课也达到特长生的分数线,成功考入了自己理想的高中。如果当时,小涵仍然埋头苦学语数英,结果可能是事倍功半,还可能扼杀了孩子对学习的信心。

全面赋能，促进孩子学习能力迁移

"扬长避短"是作为"取长补短"的反驳提出的。与其"补短"，不如"扬长"，使长短各依乎自然之理而尽情发挥各自的作用。如果家长能充分发现、尊重、发扬每个孩子的个性与特长，因势利导，便可能促使孩子在"扬长"中走向成功之路。如果一个孩子想要从学习中获得价值感、自我效能感，不妨从自己已经很擅长的学科领域中找到自信，然后再尝试挑战比较薄弱的项目。

对于孩子来说，学习是无法逃避的，父母必须帮助孩子树立起信心，一个在其他方面没有自信的孩子不可能唯独在学习方面有自信。老子有言："知者不博，博者不知。"真正的智者一定是精通某一技能的，"千招会不如一招精"，涉猎博杂的人往往是"样样懂，样样不精"，因而成不了真正高明的智者。当年，报考大学的钱锺书、吴晗数学都只考了十几分，但独具慧眼的清华园偏偏看中了他们国学功底深厚的长处，破格录取了他们。后来，他们也不负厚望，将自己的特长发挥到极致，成为一代学术大师。对于弱势项目，父母和孩子也并不能置之不顾，要理解"缺点的价值"，能想出办法削弱缺点的负面影响，从而提升它的积极作用。

慧慧是个特别安静的女孩子，平时老师提问，她都沉默不语。在小组合作学习中，因为她不喜欢、不擅长积极表达，每次小组汇报的时候，她总是躲在其他同学身后。老师发现她倾听的能力很强，做笔记的速度也很快，于是提议小组让慧慧担任记录员，把小组讨论的内容快速记下来。果然，在慧慧的快速记录下，成员间碰撞出越来越多新的想法，他们小组每次汇报的内容都是最丰富的。在学习活动中，慧慧也不再被当作旁观者和局外人，感受到了更多参与的乐趣。

诺贝尔生理学或医学奖获得者卡哈尔说："别人在某些事情上说你不行，你也一样要骄傲地追求成功。你是自己的骄傲，尤其应该骄傲于那些让你'与众不同'的特质，并把它用作你成功的秘密法宝。"

全面赋能，促进孩子学习能力迁移 第6章

2 "我可以坚持很长时间"——孩子学会专注才能更好地去专注

良好的专注力是孩子适应社会学习和生活的前提。然而，当今学生专注力缺失已经成为普遍问题。很多孩子在学习上静不下心来，导致学习明显困难、无法达到理想学习效果。网络上曾经有人谈过小学生的"橡皮擦定律"，指的是看孩子所用橡皮擦的状态，就知道孩子听课是否专注，那些橡皮擦被戳满了洞或是橡皮擦总是丢失的孩子，多半上课经常开小差，课堂时间专注度低。孩子专注力的发展是有其自身特点和规律的。注意力不集中、易分心，无意注意占优势，是所有孩子的共性。孩子年龄越小，注意力集中的时间就越短。

小惠上小学三年级以后，作业明显增多，每天写作业都得写两个小时，妈妈悄悄观察到孩子看似一直坐在书桌前，但是半天不写一个字，一问她怎么不动笔，小惠无奈地回答："我不会写。"如果妈妈坐在旁边看着，孩子却很快就把作业都写完了。妈妈很困惑，就向老师请教。于是，老师把小惠找来了解情况，小惠说："其实作业也不是很难，就是想慢慢写，反正写完了也没啥事做。有时候写得快，妈妈还觉得我潦草不认真呢。"看来，小惠写作业要花两个小时，其实是在熬时间，坐一个小时或两个小时，懒懒散散，学没学好，玩没玩好。这样的学习习惯对孩子来说，有极其深远的负面影响。老师告诉小惠妈妈："要注意处理好休息和学习时间，设定合适的单位学习时间，让孩子高度集中注意力来完成作业，每个单位时间之间，要让孩子休息放松一会儿。做到松紧交替，劳逸结合，使孩子的专注力保持积极的状态，使孩子越来越具备集中注意力的能力。"经过和老师的沟通，妈妈给小惠设置了若干个25分钟的倒计时，一般情况下，两个25分钟之内，小惠就完成了全部作业，剩下的时间就可以轻松、自由地玩耍了。

遇到阅读、写作文这样需较长时间完成的学习任务或是数学口算之类的作业，妈妈则将完成的时间记录到统计表上。经过一段时间的实践，妈妈发现孩子保持注意力高度集中的时间越来越长。一开始小惠还会因为找文具、上厕所、要喝水等需求频繁离开座位，妈妈看到孩子心浮气躁的样子也很着急，后来根据老师的建议，完成作业前，先给时间让孩子做好准备，让孩子无后顾之忧，也无任何离开的借口后,孩子便能安心、专注地投入学习中。

有研究表明,睡眠是记忆与学习的重要环节,充足的睡眠能够显著提升人们解决难题、理解知识的能力,缺觉的大脑根本无法保证在思考活动中保持专注。孩子要学会更好的专注,并不是持续学习的时间越长越好。经验丰富的学习者会说,精力充沛的大脑阅读一小时,强于疲惫的大脑读上三小时。

3 "我知道问题在哪里"——培养孩子的抗挫折能力

在学习过程中,几乎所有的孩子都会遇到困难或失败。如果孩子在家庭里被过度保护,听到的都是夸赞,受不了批评逆语,或是在不当的教育理念引导下,把学习成绩看作一切,一旦考砸了就全盘否定自己,不但会挫伤孩子学习的积极性,还可能造成孩子心理的畸形发展,为孩子遭遇挫折时的溃败埋下祸根。

一个人不可能万事如意。正因为挫折有其必然性,我们对挫折就要有充分的心理准备,"不必为打翻的牛奶而哭泣",如果失败已成事实,最要紧的就是从失败中总结教训,找到自己的问题所在。

> 小惠从小练习舞蹈,家人们经常称赞她舞蹈跳得好,有这方面的天分。于是,小惠自信地报名加入校舞蹈队,不料在面试选拔的时候,小惠落选了。小惠非常难过地告诉家人这个消息,妈妈一开始还觉得这次选拔不公平,兴冲冲地找舞蹈老师理论:"我们小惠从小就练舞,舞蹈老师

全面赋能，促进孩子学习能力迁移

都说她跳得很好呀。怎么就入选不了学校的舞蹈队呢？"老师回答说："看得出来孩子对舞蹈学习有浓厚的兴趣，但是可能孩子学习的舞种太多了，忽视了对基本功的训练，如果加强训练，还能参加下一次的选拔。"妈妈虽然有点失望，但是想想如果借此机会，调整孩子学习舞蹈的方式，以后对孩子的发展未必不是件好事，于是，妈妈回到家和小惠仔细分析了这次落选的原因，小惠知道老师对自己有所期待，也表示会努力争取下一次的选拔机会。从此，小惠更加坚定了要学好舞蹈、练好基本功的目标。短暂的失败，并不可怕，可怕的是无法从失败中站起来。

培养抗挫折的能力，要在认识自己的同时，增强对现实性、可能性和不可能性的判别能力，提高对挫折的化解能力。不去控制不能控制的事情，努力去做我们现在能控制的事。

除此以外，我们还可以通过行动训练法来提高抗挫折能力。心理学家认为，轻微的挫折可以提高人对挫折的免疫力。比如，可以让孩子参加夏令营、研学活动、军训或是竞赛等。孩子在实际锻炼中品尝过失败的滋味，体验过如何将积郁的消极情绪进行有效释放后，当未曾有过的失败来临时，孩子就不会不堪一击，反而有可能越挫越勇。

4 "我知道怎么做，我可以继续做"
——学会方法论更有坚韧度

我们看见有的孩子足够勤奋，但是成效不显著，这可能就是学习方法上出了问题。新东方创始人俞敏洪说："要鼓励青少年做事研究方法论。"不讲求方法只管努力，就如同蒙上眼奔跑，很可能在错误的方向上越跑越远。有的学习法操作起来很简单，如罗斯福的专注力训练、费曼学习法、西蒙学习法、达芬奇笔记法、SQ3R阅读法、番茄学习法、东京大学笔记法、康奈尔笔记法，孩子们可以根据不同的年龄层和学习需求尝试实践。

小宝阅读一篇文章，假如平常需要10分钟左右，妈妈就给他设置一个5分钟的计时器，让孩子在5分钟内竭尽全力迅速念完，理解大意；背英语单词时，假如小宝平常能背20个英语单词，妈妈就鼓励他尝试挑战50个。一开始，孩子可能会学得很费劲，可是历经持续的训练之后，孩子会看到自己的潜能被大大地激发出来，因为人脑的学习能力和全身肌肉一样，是可以通过训练得以提高的。

全面赋能，促进孩子学习能力迁移

不管是什么学习方法，都贵在坚持，如果三天打鱼两天晒网，再好的方法恐怕也难以奏效。在训练的过程中，不见得会有立竿见影的效果，有时候甚至会有倒退，这都是很正常的，只要孩子知道该怎么做，并且能及时调整状态，继续付诸努力，总会看到进步。

从宏观来看，训练的目的不是只求结果，而要看重过程中磨炼出来的意志品质。相对于生活在环境艰苦、兄弟姐妹多的家庭，家庭条件优越的孩子或独生子女较少遇到挫折，容易在面临压力时选择逃避，缺乏坚韧的意志品质。

坚韧包括三种成分：承诺、控制和挑战。承诺能驱动孩子投入学习，促进其勤奋用功，并使其愿意用业余时间努力实现自己的学业目标。控制是指个体相信命运掌握在自己手中，个体可以通过自身的努力来改变生活，认真负责的人大多坚持不懈刻苦学习，有强烈的学习动机。挑战是指个体认为变化才是生活的常态，是成长的促进力量。从以上三个方面来培养孩子良好的学习习惯，不仅对孩子的学习成绩有极大的促进作用，也造就了孩子生命的韧性。

小聪上三年级刚开始学写作文，第一单元就是"写一写身边的人"，这篇作文可把小聪难坏了，周末憋了半天都感觉无从下笔。妈妈见状，没有催促孩子赶紧写，而是和孩子轻松地聊了会儿天。妈妈问:"你觉得身边有哪些人的性格或者长相比较特别?"小聪想了一下回答:"长相嘛,爸爸特别胖,笑起来像尊大佛。这算特别吗?""这个描述很准确,也很生动啊!要不我们再找找爸爸还有哪些特征,一边说一边画下来,怎么样?"小聪可喜欢画画了,他一边说,一边画,越画越起劲,把爸爸笑起来眼睛眯成一条线,走起路来身上的肉颤颤巍巍的神态、动作描述得很全面。妈妈建议孩子把刚才口述的内容写下来,文章就完成一大半了。这对小聪来说容易多了,写下来以后,小聪还精益求精地加入了爸爸嘴馋好吃的这一特点,这篇文章获得了家人的认可,特别是爸爸。接着爸爸就给小聪出了难题:"你敢不敢也写写你妈妈呀?"这次小聪可不犯愁了,轻轻松松完成了第二篇作文,还说:"我觉得写人的文章也不难,先介绍外貌,再通过一两件事突出他的性格特点就好了。"相比老师在课堂上的总结指导,经过自己的体验得出的写作要点,才真正形成了自己的学习方法。

5 "哪怕我不喜欢，我也能做好"
——教孩子学会自我管理

对于喜欢做的事，谁都愿意倾注全部热情，不计回报地付出。可是，那些能把不喜欢的事做好的人，才真正是有能力的人，因为拉开人与人之间差距的从来都不是你做了什么事，而是你有什么态度。

学校举办劳动技能比赛，五年级的小浩被分到缝纽扣的小组。小浩从小就不喜欢做手工这类活动，更何况从来都没缝过纽扣。只因班主任说："这个项目不能没人参赛，你可以尝试一下。"小浩虽有百般不愿意，但为了集体荣誉，还是硬着头皮答应了老师。每天放学回家，小浩都会让妈妈指导自己，起初目标只是缝上去，但是为了能得高分，小浩还特意学了不同的缝法。比赛时，小浩得到了同学和评委老师的称赞，最后还出乎意料得了一等奖，小浩的班级因此还获得了团体一等奖。相比之下，和小浩同一组的小洋，也是被迫参加了缝纽扣项目的比赛，从头至尾都表现出各种不耐烦、不情愿的态度，赛前毫无准备，同学们看到他的表现，失望至极，都不想给他加油鼓劲。

喜欢的事大家都会认真做，那些把不喜欢做的事也能做得漂亮的人，可谓凤毛麟角，因此后者也会赢得更多人的尊重和支持。

全面赋能，促进孩子学习能力迁移

6 "我只需要多迈进一点点"——让孩子学会探索

心理学家皮亚杰认为，儿童就是科学家。孩子是天生的探究者，从一出生就在不断地探索周围世界，建构自己的知识。著名教育家杜威也说过：探索是儿童的本能冲动、好问、好探索是儿童与生俱来的特点，儿童对周围事物和现象有着与生俱来的好奇心和探索欲望，并以自己的方式与周围世界相互作用。

孩子的学习是一个主动获得经验的过程，他们是天生的探索者，只有在自主状态下主动建构知识和经验的学习才是真正有意义、有价值的学习。2021年国务院印发《全民科学素质行动规划纲要（2021—2035年）》，指出了培养青少年科学素养的重要意义。而好奇心和探索力是提高孩子科学素养、培养创新能力的重要基础，是一切学习、创造的原动力和内驱力。科学家爱因斯坦曾说过："我并没有什么特殊的才能，不过是喜欢寻根问底地追究问题罢了。"培养孩子的探索精神，应该从生活中开始，鼓励孩子多思考、多实践。

● 保护孩子的求知欲

孩子小的时候以形象思维为主,听老师或父母讲解很多遍抽象的知识,都不如在"动手做"中自己学会。

三年级有一项科学作业,要求孩子发豆芽,虽然老师在课堂上讲解了发豆芽的过程要注意选好豆子、做好遮光、勤换水等,但回到家里没有和老师一模一样的工具,怎么操作比较好呢?小铭问妈妈要做这项实验的工具时,妈妈没有选好递给小铭,而是让小铭根据豆子的数量选择大小适中的盆。当小铭选好豆子放进盆中时,才发现这个盆容易积水,他又向妈妈提出要更换容器。妈妈并没有表现得不耐烦,而是肯定小铭想得周全。到了要用布遮挡阳光的时候,小铭找来一块毛巾盖着,以为万无一失了,殊不知因为布的颜色很浅,起不到遮光的效果,豆芽一见光的话容易变红,变纤维化,吃的时候会影响口感。妈妈虽然知道其中的解决办法,但是她没有急于替孩子解决,而是让孩子在第二次重新做的时候,不断尝试其他的布,直到发现无光照就是连散光都不能见到,不仅布的颜色要

全面赋能，促进孩子学习能力迁移

深，而且布要有足够的厚度和密度。小铭妈妈完全可以通过网络查找问题的答案，或是直接提供正确的材料，这能节省很多时间，但正是在这个不断失败的过程中，小铭学到了更多的相关知识。失败是最好的老师，父母与其帮助孩子成功，不如帮助孩子成为有创造力的问题解决者。

● 提供给孩子体验的情境

探索力的培养不是孤立的、抽象的，而是强调还原于真实的生活，实践于日常的应用。父母与孩子一起探讨来自生活中有趣而富有挑战的现实问题，比如为什么花会落，小蜗牛吃什么长大，人为什么会有影子……孩子们通常会问成年人已经习以为常的、一般不去想的问题。与其直接给孩子一个官方的答案，不如把孩子带到真实的情境中，让孩子去思考和发现有可能的答案。孩子在解决问题的过程中，不仅能获得知识，更能在情境中理解并迁移运用知识。

诚诚和小伙伴们相约去露营，妈妈爸爸们带着他们到超市采购物品。诚诚上一年级，数学正学到人民币这一单元，这次采购活动就是一次真实情景下的数学实践活动。诚诚妈妈提前把准备好的采购清单分成四份，每个孩子手拿一份，并给每个人发了一些人民币，要求20分钟内采购相应的物品，并把手上所有钱全部花完。诚诚和小朋友们分头行动，迅速地根据超市里的分区指示牌找到对应的物品，还一边计算，用有限的钱买到最多的商品。爸爸妈妈们跟随在后观察，面对孩子们求助的表情时，也没有插手干预。"如果在现实生活中，没有办法找到爸爸妈妈，你会怎么解决？"诚诚妈妈给出了提示。"问工作人员……问身旁的叔叔阿姨……算不过来可以借用计算器……"诚诚和小朋友们想到了很多解决的办法。事实证明，他们的社会交往能力发展得也不错，这次超市购物体验活动不仅锻炼了口算能力，学会了使用人民币，口语交际的能力也得到了提升。

● 团队协作，保持探索的持续动力

孩子在参加游戏和各种活动时，能够体验到和同伴共处的乐趣，通过与同龄人的交流，互相启发、互相帮助，建立起自尊心与自信心，学会遵守规则，尊重并感激他人。这些都会帮助孩子扩展对社会生活环境的认识，增强思维独立性，

全面赋能，促进孩子学习能力迁移

为孩子持续的探索与分享提供动力。

我曾带孩子参加"夜观昆虫"的活动。领队在活动前，都会让参与的孩子抽签，认领本次观察昆虫的种类，有蜘蛛、马陆、蜥蜴、泛树蛙……在夜晚的郊外，视野受限，孩子们得举着手电筒，一边仔细观察，一边竖起耳朵倾听大自然的声音，难度很大，别说孩子了，跟在后面的家长也有点胆战心惊。只见领队鼓励孩子们团结协助，不仅找自己认领的昆虫，而且发现其他人的观察目标，也会互相提醒，不由自主地讨论起来：这是××吗？这是不是你要找的××？随着参加"夜观昆虫"活动次数的增多，孩子们不再恐惧黑暗，也不再依赖身边的大人来帮忙，变得更加坚韧、勇敢。

第 7 章

陪伴学习,其实是家长的第二次成长

第7章 陪伴学习，其实是家长的第二次成长

1 原来我也是个好学生——学习是终身的，家长你也一样

"学习是孩子的事，为什么家长也要学习？"

"家长的责任难道不应该是指导监督孩子学习吗？"

"家长更重要的是工作赚钱，哪有精力持续学习啊？"

上面的问题你有答案吗？如果有答案是怎样的呢？现实生活中，你又是怎样做的呢？在养育孩子的过程中，很多家长并没有明确且稳定的教育认识和理念。

青岛教育局曾通过半年时间对教育质量数据进行处理与分析，调查检测结果显示，家长阅读与不阅读直接影响孩子的高考成绩。这份调查一共抽取了几万名学生、老师和家长，其中，有50.4%~71.3%的家长表示在家中经常读书，而这些家庭的孩子语文成绩表现更好。

这份调查以阅读为例，用数据证明了"学习不仅仅是孩子的事，很明显跟家长脱不了干系"。教育孩子的本质是父母的自我提升和终身成长。父母的认知、心智和价值观等，都在通过言传身教的方式影响孩子。网络上流传一句话：父母

现在的样子就是孩子长大后的天花板。

事实上，我们能看到，那些重视孩子成长的父母们都在持续学习，一边提升认知以跟上时代的脚步，一边学习国际前沿的教育方法，从父辈们的经验主义过渡到遵循孩子的成长规律，根据孩子的个性提供适合的发展环境。

监督孩子学习与跟孩子一起学习，或者保持自我的学习从来就不是对立面，它们可以并存，也可以独立存在。下面几个小例子可以很好地说明这个观点。

"几个月下来，我女儿小丫的口语突飞猛进，还养成了每日自学的习惯，阅读作业再也不用我催了，我还学会了简单的口语交流呢。"

这是一位来自家长课堂的妈妈做的分享，孩子小时候在老家由爷爷奶奶带，上二年级才接到身边，但直到四年级英语成绩还是跟不上。妈妈给孩子报了英语课外辅导班，老师说，孩子最弱的是口语表达，只要给孩子提供良好的英语氛围和环境，孩子很快就能赶上来。

这下把小丫妈妈难住了，一方面自己的英语水平有限，另一方面以现在的经济实力，无法找外教长期一对一陪伴学习，可她又不想孩子一直落后。万般无奈之下，妈妈选择了跟孩子一起自学英语。

小丫因为发音不标准，长期不敢开口说，每次的阅读作业都无法完成。为了能更加有效地协助女儿，妈妈从帮小丫做阅读作业开始。当妈妈按老师要求竖起手机拍摄时，小丫就格外紧张，好几分钟都无法挤出两三句话。妈妈就带着小丫一起上网查找突破紧张的方法，然后带着小丫一起反复听，大声读；一起背单词，一起看英文动画片，一起刷英语 App，还一起练习日常对话。

母女俩每天你追我赶，看谁闯关的级别更高，就这样短短几个月，孩子的阅读作业分数越来越高，口语能力得到了英语老师极大的赞赏。更难得的是妈妈也得到了巨大的成长，突破了十几年都以为不可能的事。

小丫妈妈非常感慨地在课堂上说："原来限制孩子发展的不是他们的能力，而是我们的成长。我一直自卑于自己的学历，认为自己没办法帮她，经过那段共同学英语的时光后才发现，原来我也是个好学生，可以通过持续学习跟她一起进步。"也许正在看书的你，或身边的朋友也有过类似经历，出发点是为了孩子，在陪伴的过程中却不小心成就了自己。还有一些家长在生活中，跟孩子分享自己所在领域的专业知识，结果亲子双方都受益了。

比如著名商业咨询顾问刘润，他每次在送孩子上学的路上，都会花 5 分钟左右的时间，跟孩子分享商业世界运营的趣事。所以他的孩子在青少年时期就熟知了很多商业运营真相，而刘润老师也把这些小故事整理出版成书籍《给孩子的商业启蒙》，帮助了更多的人。

那些早已步入社会但仍旧持续学习的人，就是终身学习者。他们为了适应社会或实现个体发展的需要，持续学习各种新知识新技能，甚至贯穿于自己的一生。这也就是人们常说的"学无止境"和"活到老学到老"。

微软创始人比尔·盖茨和股神巴菲特都是终身学习者，获得诺贝尔奖的物理学家理查德·费曼也曾多次表达过，自己能取得今天的成就，和他童年时期受到父亲的影响有关。

费曼的爸爸是终身学习者的典范，虽然没有上过大学，但是因为对科学的热爱使他从未停止观察、阅读和思考，随着费曼兄妹的到来，他更是和孩子们一起学习，给费曼兄妹提供了非常优质的学习氛围。我们从这些人的身上看到，终身学习者往往能创造更多的财富，让自己和家人无须为经济发愁。

由此可见，父母终身学习的习惯是孩子最直观的成长榜样。终身学习不是结构性、系统性的学习方法，它是一种态度和持续的生活方式。如果能跟个人的兴趣和价值体系挂钩，那必然是更容易实现的一种状态，也是一生都非常享受的事。

我总结了三个方向,以便助力有需要的家长轻松开启终身学习。

● 助力孩子某个板块的学习

如同前面提到的小丫妈妈,我们也可以为协助孩子某个学科、某个兴趣或某个特长的发展,亲自下场,成为孩子学习之路上的同伴,与孩子一起向前。

● 为某个曾经的兴趣设定发展目标

相信很多家长都有曾经非常喜欢但一直没机会学习的兴趣爱好,比如唱歌、画画、舞蹈、书法或某项运动等。找出那个最想在当下去成就的兴趣,设定学习目标,设定用多长时间学到怎样的水平或状态,这个过程一定会成为孩子的榜样,也一定会让自己身心愉悦。

● 参与一个终身学习的社区团体

如果以上两个方向都不适合你,那么肯定有一个跟你价值观吻合的终身学习型团体存在,比如某某读书会、某某艺术鉴赏会、某某运动团体、某某茶话会等。找到这样的团体并参与其中,哪怕是跟一群有意思的人一起玩耍、一起聊天,长期持续下去,也会是有价值的学习和成长。

原来我可以是个好同伴——把孩子当朋友，学会换位思考

兰姐年轻时拼事业，年近 40 岁才生下儿子，孩子从小到大都是她亲自带。兰姐的丈夫整日忙工作，没什么机会管孩子，每次他带孩子时出现的各种难题，只要兰姐出手就一定会迎刃而解，兰姐也一直以此为荣。但随着男孩一天天长大，越来越有自己的想法，兰姐越来越不懂他在想什么，亲子间的矛盾也越来越多。

在儿子 9 岁生日那天，兰姐辛辛苦苦张罗了一个盛大的生日宴会，她根据儿子的喜好安排好了一切，可没想到儿子一点都不领情，从头到尾都是一副苦瓜脸，话很少，开口就是各种挑剔，"这个颜色不好看，那个菜不好吃，真无聊……"兰姐提醒了好几次，他还是不跟叔叔阿姨打招呼。宴会才开始，就不停地问兰姐，什么时候结束，什么时候可以回家。

兰姐在宾客面前很尴尬，当着那么多人的面也不好发脾气。好不容易忍到宴会结束就没好气地质问儿子："你到

底要干吗,平日妈妈怎么教你的,看看你今天的样子,好像所有人都欠你的一样。这次生日宴会,都是按照你的喜好办的呀,还这不喜欢那不满意,你知道妈妈为了这场宴会有多辛苦吗……"

儿子也没好气地说:"又不是我叫你这么辛苦的,一点都不好,根本不是我喜欢的,只是你喜欢而已!"看到兰姐都被气哭了,丈夫连忙批评儿子并带儿子离开了现场,留下了难过委屈的兰姐。

她回来翻阅了几十本育儿书,专家们都说要尊重孩子的需求,要学会跟孩子做朋友。这事过了快一个月,儿子都不怎么跟兰姐说话,她便放下姿态,只要是儿子想要的,就马上满足,对儿子的观点几乎全都认同。

兰姐也是我们家长课堂的学员,经过她的允许后,我经常在家长课堂上讲她的故事,跟大家讨论兰姐跟儿子的关系到底怎样。兰姐的儿子是不是被惯坏了?她为儿子尽心尽力地操办生日会,为何还得不到孩子的认同?为了重新赢得儿子的信任,她所用的方法是否真的有效?兰姐是否真的成了儿子的朋友?

几乎每期的课堂上都会有家长认为,兰姐的儿子被惯坏了,不能什么都依着他,不然稍有不如意就跟家长闹,未来还会得寸进尺。而兰姐确实也是因为事情越发不受控制，越来越搞不定儿子而走进我们的课堂。但今天我们试着站在第三者的角度来看看：到底发生了什么？是什么导致了这样的局面？

问题出在孩子的想法和期待已经发生了改变，但没有清晰明确地告诉妈妈，而妈妈按照过往的认知，提高了生日会的规格，装扮上花费更多，也邀请了更多的人。妈妈以为这样的改变会让儿子觉得不一样，儿子却认为这跟过去没区别。

兰姐和儿子对于不一样的生日会有不同的定义，但没有为此进行有效的沟通，亲子双方信息传递不够清晰，导致一个本应该欢喜的事以难过收场。

这并不是因为孩子被宠坏了而不讲道理，而是亲子双方都用过往的习惯性模式互动，都在用自以为是的方式行事，而没有站在对方的立场换位思考。作为成年人，不能要求几岁或十几岁的孩子，但可以觉察自己，在亲子关系中如何一边尊重自己，又一边站在孩子的角度考虑问题。

把孩子当朋友说起来简单，但做起来真心不容易。

一方面是"我不想"：家长觉得自己是权威的存在，拥有更多资源帮助孩子生存和发展。在这样不对等的关系中，家长会本能地代替孩子做一些事，而很难看向孩子的人格，把他们视作平等的朋友。

另一方面是"我不会":家长与孩子之间,存在无数个年龄代沟,在大多数情况下,很难轻易地看出和分析出孩子的所想所感。

再一方面是"我忘记了":当家长的需求受限,或处在负面情绪中时,只能自保而难以站在孩子的角度思考,所以导致换位思考这件事难以开展。

但看中亲子关系和谐幸福的家长们,并不会因为有难度而放弃。

回到兰姐的故事中,大概能猜到在生日会之前,兰姐虽宠爱儿子但并没有溺爱,愿意满足儿子的需要,但不会任由他无理取闹。只是经过生日会的难过之后,兰姐害怕儿子远离自己,在亲子关系中小心翼翼,对儿子的需求百依百顺。她这样的做法并不是把孩子当朋友,而是把孩子当主人,丢失了亲子间的平等性。

兰姐为了避免跟儿子起冲突,一而再、再而三地忽略自己去满足儿子,才助长了儿子一步步地反控制自己。这样的关系非但不是朋友,反倒把孩子推向了真正的无理取闹和肆意妄为。

兰姐的事,揭示了亲子间做到有效沟通的重要性。把孩子当朋友的核心是换位思考,它不是按照家长对孩子的了解行事,也不是单纯地满足孩子的各种需求。既然谈到"换位"，首先要有"位置"，既要有家长的位置，也要有孩子的位置，如此才有换的可能性。

当家长能换到孩子的位置上思考时，更容易做到亲子双赢，这才是朋友之间该有的样子。

我家小阳在三年级时转过一次学，因为新学校对基础教育有更高的要求，所以我和孩子爸爸每天都要花1~2个小时协助他做作业。转学前他从不做作业，也不懂得基础教育的做题思路和技巧，我们希望能借由陪伴帮助他更快速地适应新的学校和新的学习模式。

现在回想起那段抓狂的日子，堪称我家的至暗时刻。我和孩子爸爸从过去从来不过问孩子的学习，到日日盯着他阅读和做作业，还要教他预习和订正，如此才能带着他养成良好的学习习惯。先不考虑孩子，单单是我们，在陪伴孩子这件事上面对如此大的转变，真心比那些从小学一年级开始就陪孩子养成良好学习习惯的父母难上百倍。

当时，我把协助孩子学习和做作业比作上战场，虽然我早已做好打持久战的准备，但真的上战场时仍然极度艰难。最艰难的是我不能责怪孩子，也不能责怪学校和老师。从一个体系过渡到另一种新的体系必然需要时间，我又有些着急地希望他能早一点适应，早一点把成绩提上去。这样不会让他一直位居班上倒数第一，也不会让他长时间因为成绩落后而难以建立自信。

正因为我的着急导致了一段时间的自责和焦虑。刚开始陪写作业时，我还可以不带情绪地耐心讲解，可当我讲了几遍他仍无法做到时，我就急了。从我的声音上扬到他闭上嘴巴、低下头，再到我离开现场去冷静，说是一场煎熬也不为过。

我从事教育工作十几年，换位思考没有千次也有百次。不管是在线上课程中还是在线下课堂上，我都能不止一次地理解不同家长的感受和需求。我既愿意换位思考，又懂得如何做到换位思考。但因为在小阳面前带着自责的焦虑，而忘记了对他换位思考。这对他来说，不仅不是陪伴支持，反而是一种压力和雪上加霜。

后来，我从孩子爸爸身上看到了他对孩子的接纳和允许。

他每次都比我更加有耐心地陪伴小阳做作业，一个题目从前到后、从左到右，反反复复地讲解，"像这样啊……同样的道理，转过来也是一样……你是不是还有点糊涂……是不是感觉绕晕了……"，直到儿子终于弄懂了，类似的题目都会做了。

不是爸爸的耐心成就了小阳的弄懂，而是爸爸的换位思考。他站在孩子的角度说出孩子没说出口的话，让小阳体会到有人懂他的艰难，有人愿意等他，有人愿意陪他，一点一点慢慢地去理解。

有一天晚上，等小阳睡着后，我好奇地问孩子爸爸，他是如何做到如此有耐心而不发脾气的。孩子爸爸说："我也时常纳闷他到底是不是我儿子，我是学理科的，他的数理逻辑简直让我抓狂。但是他毕竟是孩子，过去又没有在这方面进行长期的练习，自然很难转过弯。他们现在三年级的数学比我们那时候五年级的还难，他有些地方理解不了是很正常的。而且我看得出来他也想学好，从没拒绝学习，只是需要时间而已。着急或发脾气只会降低学习效率，只要在我还能有觉知的情况下，就不会轻易被这种情绪控制。"

听完孩子爸爸说的，瞬间对他很崇拜。他简单的几句话，就把换位思考解释得清晰到位。他在自己的位置上有自己的观点：孩子因为过往没有足量的练习，所以现在数理逻辑方面理解得较慢。但他也能换到孩子的位置上思考：怎么这么难呢？听爸爸讲的时候明明懂了，可自己做的时候马上就忘了，还是继续学、继续练吧。

他既做到了"愿意"，又做到了"懂得"，还做到了"不忘记"，也就是主动地换位思考。也难怪小阳经常说，爸爸就是他的好朋友。

真正的换位思考除了需要父母站在自己的角度理性分析问题之外，还需要父母愿意且能做到站在孩子的角度思考问题，假设自己是个未成年的儿童，在事件的当下会如何思考，会产生怎样的感受。当父母不被负面情绪控制时，是很容易实现的。

第7章 陪伴学习，其实是家长的第二次成长

3 原来我是一个好教练——教，是更好的学习方式

什么是孩子的好教练？今天我们讲的教练不是像运动或驾驶培训那样，简单地教会学员一项技能。而是帮助学员展开更加积极的思考，通过对话和行动，协助学员进行认知、行为和心智上的转变。

家长与子女的关系也可以是教练与被教练的关系。前提是家长要掌握用教练的方式对待子女的本质：家长（教练）与子女（学员）不是师傅和徒弟的关系，而是平等的朋友关系。不是说教孩子，而是在尊重孩子的同时，帮助他们呈现出更高水平的身心健康状态、更出色的学习和生活效能。

为什么要做孩子的教练而不是说教孩子呢？不管是看现在身边的孩子，还是回看我们的童年，但凡被家长说教，只有两条路可选：一条路是做个听话的好孩子，凡事以满足权威或他人的需要为主，在意别人的眼光和评价，也因此无法在不同关系中做真实的自己。另一条路是做个叛逆的坏孩子，哪怕家长或权威说的都是对的，就是故意不听、不看、不干，因为被说教指点得太多，那种不被认同、不被看见和欣赏的

感受太糟糕了,所以也可能因为刻意反对而失去展示真实自己的机会。被说教长大的孩子,很难获得真正的幸福感,也必然不是我们希望带给孩子的状态。

家长使用教练的方式对待孩子会怎样呢?新华网和香港大公报曾经都报道过一个男孩曾展霆,由于小时候辗转生活过4个城市,小学基础没打好,初中课程严重跟不上,到了新学校老师建议他先去低年级读一年,妈妈坚持让展霆正常入读,结果仅用一学期的时间,就帮孩子从班级48名提升至37名。

校长和老师们都十分惊讶,家访中才了解到,展霆妈妈持续使用教练的方式来协助孩子。展霆给老师们展示了自己制作的"年度发展蓝图",图表制作非常用心别致,呈现了高楼的模样。每一层就是生活和学习中的一项指标,左边写着目前的状况,右边写着将要达到的目标。比如第11层的"朋友"栏目,目前是"同辈"将来则要交"各个层面"的朋友。大楼边上画了一台空调,吹出的冷气是"快快乐乐!进取精神!奉献精神……"

看到展霆的图表,校长多次赞叹他妈妈的用心和方法得当。而从展霆的多篇作文,例如《一个真实的我》中能看出,他们的亲子关系非常和谐,展霆不止一次写到对妈妈的感激，也多次细致地描述了妈妈如何在不同的情况下引领自己跨越难题。展霆也从过去认为做作业是为了完成老师的任务，变成现在找到了学习的乐趣和意义。

从展霆的例子中可以看到，被家长使用教练的方式对待的孩子能一步步觉醒，一步步找到正面的积极动力，运用可落地可执行的方法来帮助自己达成目标。这样的孩子能在发展的过程中稳步强大真实的自己，而不那么容易受外界影响，也容易实现自己的人生梦想。

看到这里，可能有很多家长开始默默期待，希望掌握教练的方法，成为孩子成长路上的教练型父母。在成为教练型父母之前，家长要明白教练的底层逻辑。爱因斯坦说："你无法在制造问题的同一思维层次上解决这个问题。"也就是说，想要解决问题，需要进行思维上的升级，否则问题就很难得到解决。

家长常常因为孩子无法好好写作业而苦恼，比如拖拉，不认真读题，草草做完应付了事，等等。而大家运用了各种方法都不奏效，是因为大多数时候聚焦在孩子的行为层面上，这个时候要向上升级。

图7-1是《从教练到唤醒者》的作者罗伯特·迪尔茨的

逻辑层次模型，越往上，能量和影响力越大。

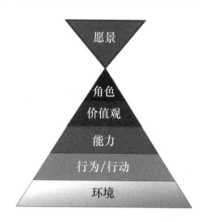

图 7-1　逻辑层次模型

比如，孩子现在的状态是数学作业从不做应用题，看似是行为层的问题，也就是孩子不愿意做。但家长需要到上一层（能力层）去寻找答案，比如识字量、阅读理解能力等，孩子是不是需要提升这些能力？如果孩子能力没有问题，那就是学习动力的问题，孩子根本不重视学习和作业，那就再往上一层（价值观），完成作业和学习成绩好对孩子来说有什么价值？如果他对这个价值没有感知，那就再往上一层，他希望自己成为一个怎样的人（角色）？如果孩子年龄大，有可能再往上一层（愿景），他希望如何活着，想要为社会或人类做些什么？

给孩子做教练根本不需要为孩子设置糖衣炮弹，只需要根据不同的逻辑，帮助孩子找到他心中的答案，孩子就会自动运行而不用家长催促了。

家长如何才能掌握以教练的方式对待孩子的技巧和方法呢？首先记住五大步骤。

● 建立信任：要被孩子聘请为教练而不是强行成为教练

先跟孩子做朋友，接纳他当前不够好的状态非常重要。家长是否真心接纳自己，孩子一两次就能感知到，一定要在跟孩子保持良好关系的前提下才能开始后面的动作，否则孩子后面都不会主动，教练行为就变成了家长对孩子的控制。

● 明确目标：目标是人的动力之源，先设定目标然后才能根据目标去行动

对孩子来说，带领他们聚焦当下的目标最重要，越远越体会不到，还容易忘记。比如今天的数学作业有 3 道应用题，就设定完成 1 道应用题的目标，设定当下的、眼前的小目标，

在一步步完成的过程中体会成功的乐趣，更容易设定下一个目标。

● 探索现状：协助孩子梳理当下的实际情况，便于制订计划

仍然用完成数学作业中1道应用题举例，厘清现状就是带领孩子列出来：今天整体的作业量有多少，哪些题目比较简单可以快速完成，大概会用多长时间，可预留多少时间给比较难的应用题，可能出现的困难，等等。提前花几分钟，把关于做作业的相关点都列出来，既能提升后面的效率，也能提前排除干扰。

● 行动计划：根据目标和现状制定高效可行的行动方案

当第一步和第二步清晰后，这一步就非常清晰和简单了，需要注意的是要设定明确的时间、地点和人物，越清晰越便于孩子执行。

● 反馈激励：对规划和行动进行及时的反馈是最好的总结和复盘

事情到最后不管做得如何，都要清晰地看到优势和不足，反馈是为了下次能更高效。激励是对前面所有动作的正向认可，可以激发孩子持续保持积极的状态。

家长在教练孩子的过程中还要特别注意三点：倾听、提问和区分。孩子年龄有限，有时很难清晰、准确地表达自己的感受和想法，只有做到抱着同理心倾听才能真正让孩子卸下防备，愿意相信家长是在协助而非控制。及时提问可以帮助孩子保持在正向思维中，聚焦事件的积极意义而非停留在难题上。家长每一次更进一步的提问，都能协助孩子在逻辑上层层递进，找到内在最核心的点。区分和提问经常同时进行，也能帮助孩子在逻辑混乱时重新关注重点。

初学教练方法的家长不用担心，因为每一次直接带领孩子就是最好的学习和实践。

不同的学习方式,学习者的平均效率是完全不同的,这就是著名的"学习金字塔"理论。

图 7-2 是美国国家训练实验室关于学习金字塔的说明。家长在带领孩子锁定目标和制订规划的过程,也是自己学习实践教练方法的过程。必然会一次比一次做得更好,与此同时,孩子也在带教中学会了教练的方法,未来可以自我教练以及教练他人。

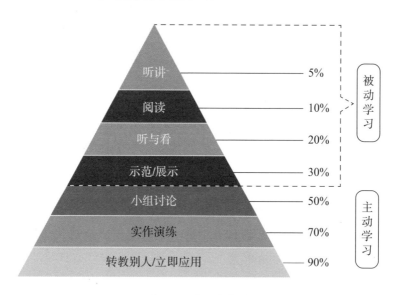

图 7-2　学习金字塔

我可以成为更好的自己——谢谢孩子成就了我们

当一个女人变成母亲,她就失去了自我吗?

因为过去10年一直从事亲子教育工作,知道教育对孩子意味着什么。又因为30岁才生下儿子,所以我一早就做好准备,未来要全身心地给孩子无条件的爱。

儿子小阳3岁前,我是全天候全职奶妈,家里没有老人和阿姨,任何事都是我自己来。为了给孩子最好的依恋关系,到他2岁4个月时,我连续3个月感冒后才给他断奶。

因为小时候受过原生家庭被遗弃的伤,在养育小阳的过程中,时常提醒自己不要把自我的需要投射到孩子身上,于是我一边建立亲密的亲子联结,一边把握人格边界。后来还不断参加心理学课程,持续疗愈自己,只为给孩子提供更安全、更有爱的成长环境。

但是,怕什么来什么。

记得小阳1岁半左右,在某个下着小雨的工作日上午,小阳爸爸上班去了,小阳在阳台上玩耍,我照旧在厨房准备午餐。虽然下着小雨，我仍然没有阻止他，在我看来，淋一点雨身体不会有事，而孩子的玩耍被打断，就会影响专注力的发展。

等我午饭做好后，去阳台找孩子，没想到他慌张地把垃圾桶藏在身后，还用一般人听不懂的话说："坏了，我没玩。"他当时的神情像极了小时候我担心被母亲打的样子，我立马心疼地抱起他，轻声说："别害怕，妈妈没生气也不会批评你！"他马上笑嘻嘻地抱着我的脸亲亲。

后来的一两周里，我对小阳格外好，生怕让他因为那件事而失去安全感，还不停地检讨自己，到底是做了怎样的事说了怎样的话，让孩子如此小心翼翼。当时只是一味地要求自己，如果我让小阳跟儿时的自己一样可怜，就不配做个好妈妈，更无言面对过去十多年在亲子教育领域的浸润。

在小阳接近3岁时，我走进心理学课堂后才知道，我虽做到了区分亲子间的需要，但儿时形成的恐惧，却还是时不时地投射给小阳。原本只是孩子一些很细小的本能呈现，都会被我放大好多倍。然后我持续放大对孩子的爱从而迷失了自己。

在那几年里，我从不关注自己的吃穿住行，也极大忽视了小阳爸爸的需求，心里和眼里全都是孩子，我以为这就是最伟大的无条件爱孩子，却不知都是儿时记忆中的恐惧在作祟。

在中国，当一个女人变成母亲后，有90%甚至更多的人会失去自我。我很庆幸自己从妈妈角色里走出来，不断学习、不断成长，直到找回做自己的勇气和方法，从此不再被母亲这个身份绑架，自洽地游走于人生的各个角色中。

我永远不会忘记小阳快3岁时，前后好几个月我都处在情绪失控的边缘。随着他一天天长大，他的自我更加强大，行为更加不受管束。我明明知道他的年龄特征和需求，可就是无法容忍他的一些行为，常常因此而大发脾气。那种明明知道要如何做，却无法做到的状态，让我十分痛苦，也促使我走进心理课堂。

我仍然要感谢孩子，因为养育他，想要更好地爱他，才让我发现那么多自己无法看到的伤痛和执念。因为我仍然希望做个好妈妈，所以开始多方位修行，最终让我懂得了：只有成就更好的自己，才是对孩子最好的爱。当我真正开始做自己，才懂得爱自己是一切的根源。

正如英国著名影视演员查理·卓别林所言："当我真正开始爱自己，我才认识到，所有的痛苦和情感的折磨，都只是提醒我：活着，不要违背自己的本心。今天我明白了，这叫作真实。"当我敢于做真实的自己时，我开始研究互联网，借助各种营销平台和工具，开设线上线下课程，把我的成长经历分享给更多人，也帮助了更多的家长解决亲子冲突，提升亲子关系。

在小阳转学后的一学期里，我因为自责和焦虑，再一次回看原生家庭的影响，也再一次告别儿时的恐惧，用后来学到的教练法跟孩子一起努力，看到他进步的同时，也一步步看到自己不再气急败坏，不再扯着嗓子发出无奈的咆哮。原来我也可以成为更好的自己，不仅从情绪平衡上，还从方法的提升上，都更上了一个台阶，帮助了更多的家庭。

在写下上面的文字后我尤为喜悦，喜悦于正在看书的你，跟我一起经历了一场人生的洗礼。更想诚意地分享：新时代女性值得从精神上开始恢复自由。

孩子仍然要教，他们的学习和作业仍然要管，但请记得清晰地把握尺度，不以爱孩子之名，让自己长期在迷雾中前行。父母不过是孩子生命历程中的过客，把自己活成他们成长之路的环境，只是协助而不要求，只是陪伴而不控制。